COLEÇÃO ARQUITETOS DA CIDADE

H+F

Francesco Perrotta-Bosch
(org.)

editora
escola
da cidade

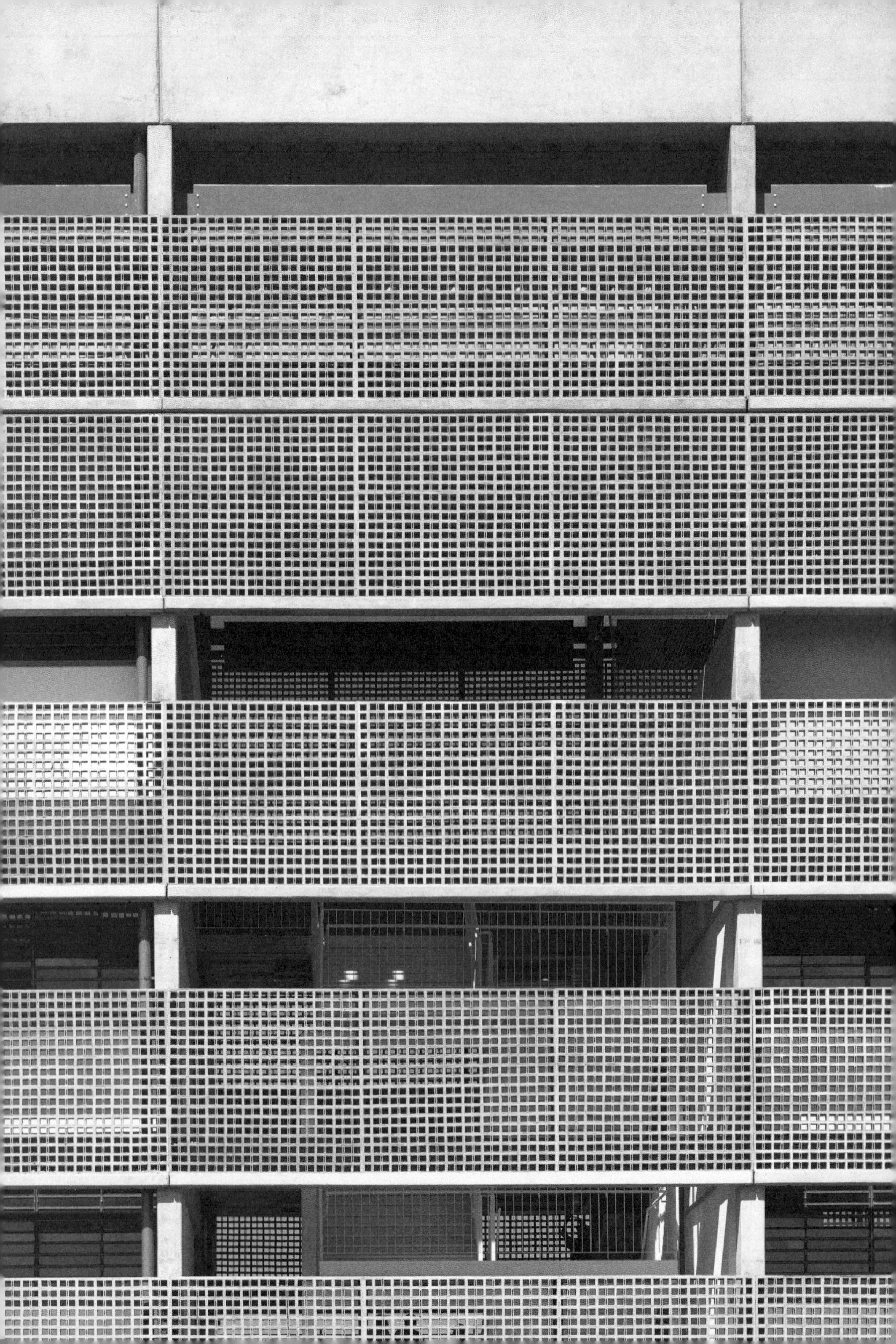

NOTA DOS EDITORES

Arquitetos da Cidade é uma série editorial – parceria entre Escola da Cidade e Sesc São Paulo – dedicada a escritórios brasileiros que se destacam no enfrentamento dos desafios inerentes à cidade contemporânea. Arquitetos cujas ações nunca perdem a oportunidade de concretizar uma gentileza urbana, ou seja, de qualificar o espaço público com ações positivas. Para esse grupo de arquitetos, certamente é na cidade que reside seu maior interesse, independentemente do que estejam a desenhar. Não por acaso, todos os presentes nessa série estão fortemente ligados à educação – professores universitários que dividem seu tempo entre a prática e o ensino.

Arquitetura é arte complexa: determina o desenho da paisagem, urbana ou não, influi nas relações sociais, qualifica os espaços para as pessoas. É em geral fruto do trabalho coletivo, de muitas disciplinas, de muitos saberes. Por sua vez, a relação entre arquitetura e cidade tem sido o grande tema que a cerca. Fazer cidade, no sentido da qualificação da vida urbana. O enfrentamento dos grandes problemas urbanos que as cidades americanas trouxeram, com seu crescimento explosivo e desigual. O arquiteto hoje se lança sobre essa realidade, concentra seus esforços sobre problemas que, não raro, se apresentam como insolúveis em sua complexidade.

A profusão crescente, quase explosiva, de imagens e vídeos pela internet tornou o universo da arquitetura mais acessível. O que é positivo, não há dúvida. Por outro lado, a conexão das imagens com o percurso e com a coerência do trabalho de um determinado arquiteto diluiu-se. Nesse sentido, a publicação de uma seleção de projetos a partir de um olhar curatorial, incluindo textos, entrevistas, croquis e detalhes construtivos, permite uma aproximação efetiva à poética de cada escritório. Projetos autorais, quando vistos em conjunto, expõem um percurso, sempre marcado por buscas, desejos, experimentações.

Este volume traz o trabalho do escritório H+F. Organizado por Francesco Perrotta-Bosch, conta com colaborações de Regina Meyer e João Masao Kamita, além de entrevista com Pablo Hereñú e Eduardo Ferroni, que coordenam o escritório.

EDITORA ESCOLA DA CIDADE
EDIÇÕES SESC

Página ao lado: Conjunto Jardim Edite, São Paulo, SP, 2013.
Página 2: Escolas União de Vila Nova III e IV, São Paulo, SP, 2005.
Páginas 8-9: Museu do Ipiranga, São Paulo, SP, 2023.

DEPOIMENTO

REGINA MEYER

Escrever este breve testemunho para o livro que reúne projetos do escritório H+F Arquitetos me levou a pensar, ainda uma vez, qual é a função das disciplinas de história urbana e de urbanismo na formação dos futuros arquitetos. Acredito que o conhecimento do método histórico-crítico comprometido com o processo de construção da cidade e da metrópole de São Paulo seja essencial para a elaboração e o consumo da arquitetura que é nela produzida. Ocorre, como já foi dito, que é indispensável, diante de qualquer projeto, considerar a cidade a partir de sua história, privilegiando os modos e os resultados de seu desenvolvimento.

As condições urbanas dos bairros periféricos de São Paulo, surgidos e consolidados nos seus ciclos de industrialização, são uma permanência que não se deve desconsiderar. Portanto, a escolha do partido arquitetônico, quando se trata de projetos para esses bairros, exprime a capacidade do arquiteto de avaliar o sentido do lugar no qual vai se inserir a nova edificação. A complexidade desses lugares não torna mais difíceis a avaliação e a posterior proposição, pelo contrário, é dela que as possibilidades positivas emergem.

Os concisos textos que abrem os projetos que compõem o livro confirmam a presença de tal método na elaboração das propostas apresentadas. As descrições feitas nas aberturas de cada um dos projetos não identificam apenas lotes urbanos, mas trechos da cidade nos quais são apontadas características históricas, urbanas e sociais. Assim sendo, para além das ferramentas do ofício, é da avaliação desses lugares que se abre o caminho para a proposta.

As potencialidades e as distintas formas de precariedade serão exploradas, indicando um objetivo a ser alcançado. A leitura dos textos e o exame dos projetos deixam claro que pensar a realidade é o modo de trabalhar do H+F Arquitetos, no qual o exame abrangente da situação urbana e o da responsabilidade social do projeto convergem.

No caso das escolas e dos conjuntos residenciais, a desigualdade socioespacial abre caminho para projetos agregadores lá onde a desagregação é o mote. Os partidos que conduzem os projetos das escolas criam relações físicas, espaciais e visuais que traduzem o propósito de estabelecer continuidades, coerências no entorno de tramas urbanas desordenadas. Continuidades horizontais produzem percursos e, pelas transparências nos planos verticais, criam através de elementos vazados um diálogo entre o fora e o dentro. À noite, serão lugares iluminados, nos dois sentidos da palavra. A meta de criar através da edificação uma nova dimensão de espaço público, no que depende do projeto, se realiza.

A localização do Conjunto Residencial Jardim Edite está relacionada a um episódio singular do processo de transformação do padrão de expansão urbana que impactou a cidade de São Paulo na década de 1980. O Conjunto criou a possibilidade de definir um antes – a favela – e um depois – o conjunto residencial. Trata-se de um projeto eloquente no qual a plasticidade dos volumes, o tratamento das fachadas, converge para um padrão de moradia social no qual a beleza compositiva dos espaços e fachadas participam. Já o Conjunto Ponte dos Remédios possui todas as características do processo de substituição da atividade industrial no interior da metrópole de São Paulo nos anos 1980. E o projeto compreende o passivo histórico da cidade industrial de maneira certeira.

No caso da Moradia Estudantil do Novo Campus Unifesp, a proposta coopera com a crítica aos segregados e obsoletos modelos dos campi universitários do passado. A proposta geral de inserção na malha urbana do bairro, a conexão direta com o transporte público de massa e os conjuntos de espaços públicos adjacentes pautam o projeto de moradia estudantil, que ganha todos os atributos de um trecho de cidade.

Os dois museus constituem projetos singulares. A leitura analítica que levou à aceitação de que o Museu do Ipiranga é um edifício-monumento, isto é, um exemplar da arquitetura paulistana que não é mais passível de outras classificações e de disputa formal, foi um ato de fina percepção. A identificação da interdependência dos elementos, o Museu e seus novos espaços de serviços específicos, o parque e edifício, produziu um projeto que privilegia a ampliação de relações espaciais e funcionais. A decisão de projetar todas as transformações do Museu do Ipiranga sem alarde, acreditando que seria o desempenho dos anexos o objetivo a ser alcançado, é uma marca do projeto.

Percorrendo esses trabalhos, relembro os dois jovens estudantes – Pablo e Eduardo, o Dudu – durante seus anos de formação. Entre os muitos jovens estudantes com os quais convivi naquele espaço didático excepcional que é a FAU-USP, vi neles um claro interesse pelos temas comprometidos com a chamada coisa pública. Por isso mesmo, é gratificante constatar que aquele comprometimento dos anos de formação permaneceu vivo e presente na etapa profissional, confirmado em cada um dos projetos reunidos neste livro: são quase todos demandas do poder público e determinados pelo ato de pensar a realidade. E mais ainda, que tal convicção não implica circunscrever suas propostas a um conhecimento especializado, pois ambos estão convictos de que a arquitetura contemporânea resulta de saberes cujos nexos estão situados fora dela. Projetar as escolas e os conjuntos residenciais em trechos de cidade nos quais tudo remete à ausência dos atributos de cidade acaba por se tornar um condicionante de projeto. Recordando os dois jovens, Pablo e Dudu, e percorrendo agora os projetos do H+F Arquitetos, vale a pena lembrar o velho ditado: "o professor surge quando o aluno está pronto". E assim foi nos anos da FAU-USP e assim tem sido além dela.

Regina Meyer é arquiteta e professora titular da FAU-USP.

TAL COMO OS JAZZISTAS – UM PERFIL BIOGRÁFICO DO H+F

FRANCESCO PERROTTA-BOSCH

O jazz é o estilo musical cujo prazer se encontra quando os músicos desviam das notas inscritas na partitura da peça durante sua execução. Por princípio, o jazzista improvisa. No entanto, não é um improviso individualista. Por mais que existam solos ocasionais, tais improvisações requerem uma afinidade entre os membros da banda, para que todos se entendam harmonicamente sob o mesmo ritmo, cadência e compasso.

A analogia entre o jazz e a realização de um projeto de arquitetura é recorrentemente proferida pelos sócios do H+F. Para explicar a correlação, lanço a seguinte suposição: um escritório de arquitetura desenvolve um caprichado projeto executivo de um edifício público, entrega-o à construtora selecionada por meio de licitação governamental e, por fim, aguarda o dia da inauguração para ver seu desenho arquitetônico rigorosamente executado. Tal hipotética imagem de um presumivelmente bem-sucedido projeto não somente se provou um ideal falacioso para os arquitetos Eduardo Ferroni e Pablo Hereñú, como também inibe o surgimento de virtudes imprevistas e impensadas no período de desenho no escritório.

A percepção da dupla é de que o longo processo para a consumação de um projeto arquitetônico apresenta espontaneamente uma série de variáveis, devido às mais distintas contingências, porém, se os vários atores envolvidos, tal como jazzistas, caminham numa direção consensual, a arquitetura efetiva-se satisfatoriamente. Tal constatação mostra-se especialmente válida quando o contratante é o governo e a edificação projetada é um equipamento público. Por exemplo, um detalhe aparentemente perfeito quando traçado no computador do arquiteto pode se provar pior do que uma solução encontrada no canteiro de obras durante a conversa com engenheiros e pedreiros. Outra conjectura: uma diretora de escola pública, ao compartilhar sua experiência prévia, pode induzir a uma mudança na organização espacial do edifício educacional já em seu processo de construção. Ou seja, circunstâncias várias como prazo, orçamento, cliente, gestor e construtora não são constantes durante a concretização de algo tão demorado como um projeto arquitetônico: isso deixou de ser visto como uma adversidade por Ferroni e Hereñú, convertendo-se em fonte de possibilidades virtuosas. Os arquitetos do H+F entenderam que, tal como os jazzistas, devem ser flexíveis em seu *métier*: não somente aceitando a indeterminação inerente ao processo de um projeto arquitetônico, mas também estimulando a imprevisibilidade. Tal posicionamento foi fundamentado gradativamente com a experiência cotidiana ao longo das duas décadas de escritório.

Eduardo Ferroni e Pablo Hereñú ingressaram na mesma turma de 1995 da Faculdade de Arquitetura e Urbanismo da Universidade de São Paulo (FAU-USP). Como não vieram de famílias com arquitetos, chegaram às fileiras universitárias sem saber muito com o que iriam lidar: Pablo recorda que a primeira ocasião em que ouviu e proferiu o nome de Vilanova Artigas foi durante o trote.

Em 1996, um primeiro grupo começou a se formar após a entrada na USP dos irmãos Apoena e Moracy Amaral, ingressantes por transferência da Universidade Brás Cubas de Mogi das Cruzes, na qual já tinham feito três anos da faculdade de arquitetura. Acompanhados sempre de Carlos Ferrata – também oriundo do curso de Mogi, mas transferido para a Universidade Anhembi Morumbi –, Apoena, Moracy, Eduardo e Pablo reuniam-se como um grupo de estudos, uma equipe de trabalho e para fazer farra – não havia distinção entre projeto e diversão, entre relações de pesquisa e de amizade. Essa turma de estudantes também era enxergada como um coletivo de estagiários em potencial, de modo que começaram a ser conhecidos por então jovens arquitetos que os chamavam para ajudar em pequenos trabalhos pontuais, como realizar levantamentos de terreno ou fazer desenhos para dissertações de mestrado e teses de doutorado. Assim, passaram a ter contato com Anália Amorim, Angelo Bucci, Álvaro Razuk, Ciro Pirondi, Milton Braga, Newton Massafumi e Sergio Sandler.

Os anos de graduação não foram exclusivamente dedicados a exercícios projetuais nos cinco estúdios da FAU-USP ou em contribuições com arquitetos paulistanos: Ferroni e Hereñú, em companhia de Apoena, Moracy e Ferrata, capitanearam dois projetos que foram construídos – a Casa na Lapa (1998-1999) e o edifício Santa Adelaide (1998-2007).

Este prédio fica em São Bernardo do Campo, num bairro constituído basicamente por casas. O cliente tinha crescido no sobrado do terreno em questão e utilizava-o como escritório de sua empreiteira. O objetivo era construir um pequeno edifício, com uma nova sede da empresa no térreo, três apartamentos para a própria família e uma área de lazer comum na cobertura. No entanto, a companhia não podia sair dali durante a obra, o que levou a um projeto em dois blocos: enquanto a empresa ainda funcionava na antiga casa, no quintal ergueu-se a edificação de três andares de estrutura de concreto, com paredes de tijolos aparentes e piscina no teto; concluída e ocupada a metade dos fundos, demoliu-se a construção preexistente e erigiu-se a parte frontal, a qual chega a ocupar até as empenas do lote. Feito pelos cinco estudantes em companhia de Kátia Melani, esse projeto convergia estudos sobre o apartamento ideal, funcionamento de um prédio, materiais e seus respectivos métodos construtivos – Ferroni e Hereñú assumem que, no edifício Santa Adelaide, a relação entre quantidade de pessoas e horas trabalhadas por metro quadrado foi muito acima do que qualquer projeto subsequente.

Por sua vez, a Casa na Lapa tem a especificidade da área íntima que não se abre para a paisagem externa, mas sim para o próprio interior da residência. O que revela as referências desses estudantes: a Casa Millan, de Paulo Mendes da Rocha – inclusive os jovens, na época, ajudaram na reforma dessa residência, a convite do arquiteto –, e projetos de Antonio Carlos Barossi. Este havia sido professor de Ferroni e Hereñú no primeiro ano da faculdade: a dupla hoje reconhece a importância de Barossi, que estimulava os alunos mesmo quando ainda não tinham repertório arquitetônico algum. Ao elencarem docentes memoráveis na formação na FAU-USP, os sócios do H+F também mencionam Eduardo de Almeida,

Marcos Acayaba, Joaquim Guedes, Abrahão Sanovicz e Regina Meyer, que estava no departamento de história e dava aulas com apreciações críticas sobre muitos projetos de arquitetura e urbanos – Meyer veio a se tornar orientadora de Ferroni e Hereñú no Trabalho Final de Graduação (TFG), no mestrado e, no caso de Pablo, também no doutorado.

Além de alunos de Paulo Mendes da Rocha no terceiro ano da graduação, Eduardo e Pablo passaram as férias de 1997 no escritório do arquiteto, que veio a se tornar prêmio Pritzker na década seguinte. Era o período no qual se passava a fazer desenhos técnicos no AutoCAD e, por isso, PMR teve a ideia de reordenar o layout de sua sala de trabalho, organizando seu arquivo e transformando as pranchetas alemãs que comprara na época do projeto do ginásio do Club Athletico Paulistano em uma única longa mesa. Mendes da Rocha viu aqueles dois estudantes animados, sem qualquer viagem marcada nas férias, e deixou-os lá, arquitetando essa conversão de mobiliário: isto é, como se desmontariam as pranchetas, aproveitariam os tampos, desenhariam a estrutura metálica da nova base para apresentar ao serralheiro, nivelariam a altura do móvel para apoiar o teclado e a tela do computador por anos utilizado pela secretária Dulcinéia. Durante o processo, havia dias em que Paulo Mendes da Rocha aparecia no escritório, conversava com os meninos, ensinava-os como se media o raio de curvatura da barra de aço, chamava-os para tomar um cafezinho no térreo do edifício Itália, criticava Vilanova Artigas para demonstrar aos alunos que eles não deviam ter uma postura exclusivamente reverente diante do seu mestre, e analisava as propostas do projeto da mesa; até que um dia ele indicou oralmente o partido que deveriam seguir, mas sem fazer um traço no papel. Nos intervalos, Eduardo e Pablo abriam os velhos canudos com desenhos, ficavam estudando os projetos antigos de PMR e, por vezes, os redesenhavam a mão. Ao fim, os dois jovens chamaram sua turma de amigos para montar a mesa de mais de meia dúzia de metros em um fim de semana.

Em outras férias, Eduardo e Pablo, após juntarem o dinheiro que ganharam nos primeiros estágios, passaram um mês nos Estados Unidos. Eles ficaram impressionados com a Baker House, o dormitório do MIT projetado por Alvar Aalto no estado de Massachusetts, e com a Biblioteca Beinecke de livros e manuscritos raros projetada por Gordon Bunshaft para a Universidade de Yale, em New Haven. Estiveram em Nova York, Filadélfia e Chicago, onde viram as casas de Frank Lloyd Wright e os edifícios de Mies van der Rohe.

Eduardo Ferroni estagiara com Alvaro Puntoni e Ciro Pirondi, quando estes trabalhavam juntos no prédio do IAB, e depois foi para o MMBB, trabalhando até depois de formado em projetos como o Sesc 24 de Maio, sob a coordenação de Marta Moreira. Já Pablo Hereñú havia estagiado antes no MMBB, no período em que faziam com Mendes da Rocha a intervenção no térreo do prédio da Fiesp, e posteriormente passou a colaborar com o escritório Una. Em paralelo aos estágios, os dois haviam montado uma espécie de escritório, na edícula da casa onde Ferroni morava, para trabalharem nos seus projetos, como o edifício Santa Adelaide e um concurso de estudantes, para o qual projetaram um Museu da Cidade (1999), que seria uma galeria subterrânea de 630 metros de extensão ligando o vale do Anhangabaú à várzea do rio Tamanduateí, e aflorando em três saídas – conexões verticais – no centro antigo de São Paulo. Era um projeto que colocava em questão se o subsolo é público ou privado quando passa muito abaixo da superfície dos lotes particulares. Também demonstrava um interesse deles pelas grandes obras infraestruturais de engenharia, pela possibilidade de ligar lugares apartados, pela qualidade espacial e pela dramaticidade da luz em edificações abaixo do solo – interessante notar que são questões igualmente pertinentes à intervenção no Museu do Ipiranga feita duas décadas após.

No rol dos primeiros trabalhos de Ferroni e Hereñú estão os desenhos para os livros de arquitetura que a editora Cosac Naify publicou no final da década de 1990 e no começo da década de 2000. Refizeram plantas, cortes e fachadas de projetos de Lucio Costa, Álvaro Vital Brazil, Oscar Niemeyer, Paulo Mendes da Rocha e Joaquim Guedes.

Pablo deixou de estagiar no Una em 2001, quando a proposta de sua equipe no concurso do Centro de Arte Grupo Corpo, em Belo Horizonte, passou à segunda fase, o que demandava um considerável aprofundamento do estudo preliminar. O projeto feito com o

1. Casa na Lapa
2. Edifício Santa Adelaide
3. Centro de Arte Grupo Corpo
4. Museu da Cidade
5. Memorial à República, Piracicaba
6. CEU São Mateus

1

2

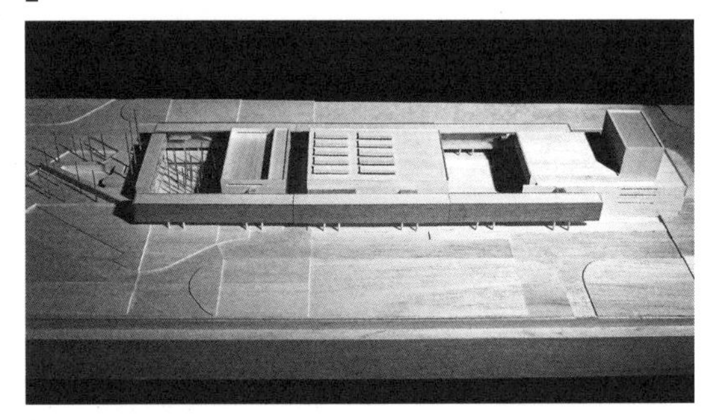

3

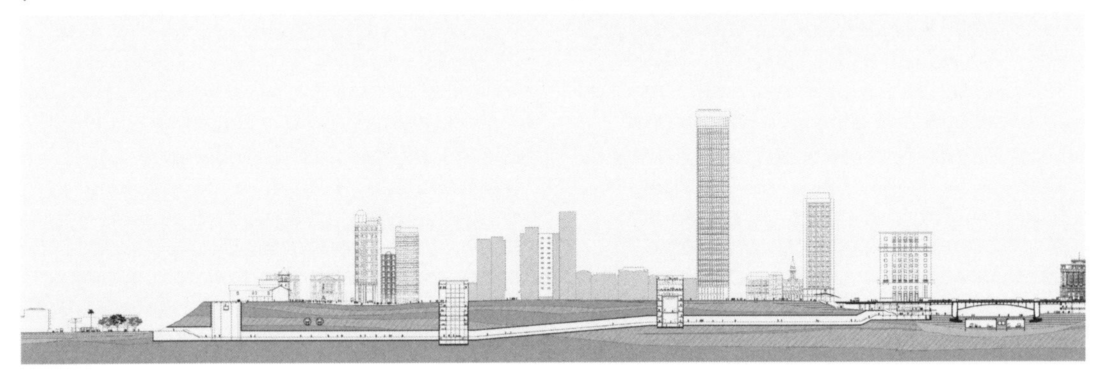

4

5

6

antigo escritório Estúdio 6, que tinha Cesar Shundi Iwamizu do SIAA como sócio, e com Paula Zasnicoff Cardoso, atualmente no Arquitetos Associados, ficou em segundo lugar.

O término da graduação e o começo da trajetória profissional, em 2001 e 2002, sobrepuseram-se temporalmente para Ferroni e Hereñú. Seu grupo com Carlos Ferrata, Apoena e Moracy Amaral chegou a alugar por um tempo uma sala na rua Frei Caneca, mas não vieram a se associar como uma empresa; e os amigos de faculdade foram para caminhos diferentes no começo de carreira. Eduardo e Pablo ficaram mais próximos da equipe que participou do concurso do Grupo Corpo, que se estabeleceu, uma parte, na Vila Madalena e, outra parte, no centro da cidade, dando origem aos Cooperantes: um grupo composto pelos dois somados a Anna Helena Villela, Maria Julia Herklotz, Fernanda Neiva, Fernanda Palmieri, Paula Zasnicoff Cardoso, Sabrina Lapyda e Silvio Oksman. Nesse período foi fundado o H+F Arquitetos, muito mais pela necessidade de criação de uma figura jurídica do que com a intenção clara de abrir um escritório capitaneado exclusivamente pela dupla – afinal, os Cooperantes formavam e desformavam equipes internamente conforme a demanda de projeto.

O endereço é uma informação fundamental: os Cooperantes escolheram uma loja da Galeria Metrópole como sede. Projetado por Gian Carlo Gasperini e Salvador Candia na década de 1950, o edifício passava por um período bastante decadente, com muitos estabelecimentos comerciais fechados e uma predominância de agências de viagem. A própria praça Dom José Gaspar, entre a galeria e a Biblioteca Mário de Andrade, estava degradada e erma. Portanto, os Cooperantes foram precursores naquele lugar, atualmente repleto de outros estúdios de arquitetos e designers, editoras e pequenas livrarias, bares e restaurantes, isto é, com uma vida cultural estimulante nos largos corredores ao redor do pátio ao ar livre. Até os dias atuais, Eduardo Ferroni e Pablo Hereñú mantêm o escritório sediado na Galeria Metrópole.

Recém-formados, eles participaram do projeto que venceu o concurso do Memorial à República, em Piracicaba, feito com Alvaro Puntoni e Angelo Bucci. Na mesma época, Puntoni tinha sido contratado pelo Departamento de Edificações (Edif) da Prefeitura de São Paulo para fazer o projeto executivo dos edifícios padrão do Centro Educacional Unificado (CEU). A prefeita era Marta Suplicy e, dentro da Edif, quem coordenava o projeto era Alexandre Delijaicov. Hereñú trabalhou com Puntoni no desenvolvimento do projeto padrão, que veio a ser construído em 21 lotes na periferia paulistana. Coube às construtoras contratar escritórios de arquitetura para fazerem os projetos executivos de implantação das escolas nos respectivos terrenos. Assim, o H+F foi chamado para desenhar a disposição dos prédios educacionais e o chão das áreas externas do CEU Inácio Monteiro, do CEU São Mateus e do CEU São Rafael, todos no extremo da zona leste.

Mesmo que prefeita e governador estivessem em lados opostos na vida partidária, a experiência municipal dos CEUs tornou-se exemplo, na esfera estadual, para a Fundação para o Desenvolvimento da Educação (FDE): um modelo tanto para os funcionários da instituição quanto para os arquitetos que trabalharam em ambas iniciativas, como Hereñú e Ferroni. Desde os anos 1960, a FDE tinha um programa de construção de escolas que seguia um projeto padrão ou o catálogo de detalhes pré-desenhados; entretanto, ao fim da década de 1990, a qualidade dos projetos dos colégios estaduais, e da sua execução, era baixa. O CEU acabou se tornando um novo paradigma: mesmo que a FDE não ambicionasse a concepção de um edifício icônico a ser carimbado em diferentes áreas do estado de São Paulo, ela repensou seu programa de construção de escolas de acordo com um sistema de estruturas pré-moldadas e um catálogo de componentes construtivos pré-fabricados. Era uma estratégia institucional na qual se mantinha um padrão construtivo – subsequentemente, salvaguardava-se uma certa qualidade arquitetural – e simultaneamente a maleabilidade na combinação desses elementos preestabelecidos; ou seja, garantia-se a variação dos projetos de acordo com as especificidades do terreno, do bairro, do funcionamento da escola e da própria autoria dos arquitetos. O H+F fez cerca de quinze projetos para a FDE: três são apresentados neste livro – as escolas Nova Cumbica (pp. 34-

7. Escolas Jardim Herplin
8. Casa em Santo Antônio do Pinhal
9. Plano Parque Dom Pedro II
10. Escolas Jardim Romano
11. Renova SP Cabuçu de Cima

7

8

9

10

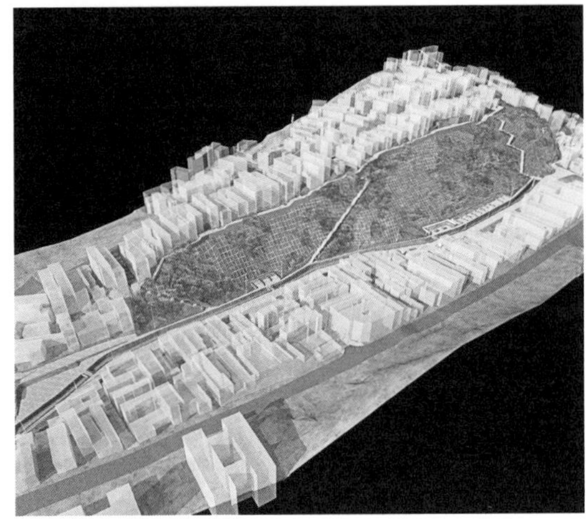
11

-41), União de Vila Nova III e IV (pp. 28-33) e de Joanópolis (pp. 42-49) –, também foram integralmente construídas as escolas Jardim Romano (São Paulo, 2008-2013) e Águia de Haia (São Paulo, 2009-2015) e parcialmente executadas as escolas Jardim Herplin (São Paulo, 2008-2012), Samuel Morse (São Paulo, 2008-2013) e Cidade Júlia (São Paulo, 2011-2016). Outras tantas tiveram seu projeto executivo finalizado, porém suas obras não foram licitadas. Em paralelo, Hereñú e Ferroni foram selecionados em concorrências públicas da fundação estadual para projetos de acessibilidade, vistorias e pequenas reformas. Foi uma fonte de trabalho contínua que, por anos, viabilizou a manutenção do escritório H+F, tal como tantos outros em São Paulo, até a redução das contratações pela FDE na década passada devido à estabilização do número de alunos e à ociosidade dos equipamentos estudantis em algumas cidades paulistas.

Como se nota até aqui, projetos para instituições públicas são majoritários no portfólio do H+F. Tais obras que têm o governo como contratante acabam sendo oportunidades de um raciocínio projetual não restrito à arquitetura circunscrita no terreno determinado, mas há uma verdadeira capacidade de irradiação de melhoramentos das relações urbanas para o entorno. Isso é válido tanto para a pracinha da entrada da FDE Nova Cumbica quanto para um plano urbanístico de grande escala como o feito para o Parque Dom Pedro II, sob a coordenação de Regina Meyer e Marta Dora Grostein, professoras da FAU-USP, com a parceria da Fundação para a Pesquisa Ambiental (Fupam) e também com a participação dos escritórios Una e Metrópole. Esse plano, elaborado de 2009 a 2011, lidou com a questão de o que fazer com o excedente de água do rio Tamanduateí nos dias de torrenciais chuvas de verão. Com um desenho em tudo diverso dos antiurbanos piscinões, propôs-se uma bacia de retenção para absorver o volume d'água. E aproveitava-se a ocasião para rearticular as conexões entre centro e zona leste na área do parque.
A proposta demonstra uma sintonia com o que estava sendo debatido no grupo Metrópole Fluvial, capitaneado por Delijaicov na FAU-USP.

O concurso HabitaSampa, de 2004, foi um marco de retomada do debate sobre políticas de habitação: muitos escritórios participaram com projetos de edifícios para locação social em dois terrenos no centro paulistano.
Os Cooperantes apresentaram propostas para as duas áreas e receberam menção honrosa para o Conjunto Vicente M. Marino. A completa ausência, na virada do milênio, de bons projetos arquitetônicos de prédios de habitação social em São Paulo levou Pablo e Eduardo a revisitarem referências antigas, como o Conjunto Habitacional Zezinho Magalhães, em Guarulhos, projetado por Artigas, Mendes da Rocha e Fábio Penteado na década de 1960, ou o Mutirão Celso Garcia, na avenida de mesmo nome, projetado por Claudio Manetti durante o governo municipal de Luiza Erundina, na virada dos anos 1980 para os 1990.

Quando Elisabete França se tornou Superintendente da Secretaria de Habitação da Cidade de São Paulo (Sehab), o MMBB foi convidado a fazer o projeto do Jardim Edite (pp. 50-61), chamando o H+F para desenvolvê-lo em parceria. O escopo apresentado pela prefeitura aos arquitetos previa uma separação entre os edifícios destinados à creche e à unidade de saúde e os prédios habitacionais.
A expectativa inicial, em grande medida proveniente de experiências prévias, era a concepção de um bloco de apartamentos que se replicaria no terreno. Após muitas reuniões com a Sehab, somadas a demandas apresentadas por diferentes órgãos – como a Companhia de Engenharia de Tráfego (CET), cuja previsão de alargamento das vias adjacentes levou à redução da área dos quarteirões do Jardim Edite –, o MMBB e o H+F convenceram a prefeitura dos benefícios da mescla de torres de apartamentos com equipamentos de serviços públicos no térreo, conformando um complexo arquitetônico de uso misto – algo até aquele momento inédito nas iniciativas de habitação de interesse social construídas pelo poder público.

Em seguida, Ferroni e Hereñú iniciaram quase concomitantemente dois trabalhos que, por princípio, também se contrapunham ao modelo e ao ambiente urbano resultante da repetição de prédios pré-projetados para moradores de baixa renda. No Conjunto Ponte dos Remédios (pp. 62-69), feito com Marcos Acayaba, o rés do chão das lâminas residenciais é repleto de pequenas lojas – obtendo o atributo sintetizado no repisado termo "fachada ativa". Por sua vez, no concurso

Renova SP, de 2011, a mesma parceria entre H+F e Acayaba ficou responsável pelo plano urbanístico da área Cabuçu de Cima 8. Nele, concebiam-se intervenções pontuais em uma área urbana periférica com uma ocupação densa. O raciocínio dava-se no desenho de caminhos que portariam consigo a infraestrutura básica. Terrenos baldios, tal como áreas sob fios de alta tensão, seriam aproveitados, a fim de edificar linhas de infraestrutura no solo entre as preexistências. Isso seria complementado com a construção de edifícios habitacionais nas bordas do bairro, como estratégia de conformação de limites para a expansão urbana.

Também selecionada por meio de concurso nacional, a Moradia Estudantil da Unifesp (pp. 70-75), em Osasco, completa esse agrupamento de projetos nos quais desenho urbano e arquitetura residencial se conjugam. Algo que une os projetos supracitados – mas que se torna mais explícito nesse conjunto de apartamentos para estudantes universitários – é o desenho do chão. O perímetro do edifício – particularmente, o recuo de suas fachadas em relação às margens do lote – acaba por gerar uma praça pública de tamanho generoso. Com áreas de lazer e estar, esse largo torna-se uma espécie de prelúdio à entrada do campus para quem vem da estação de trem, ao mesmo tempo que faz a mediação entre a pacata vizinhança e os alunos residentes, cujas atividades e ritmo de vida são naturalmente distintos.

Se comparado ao número de obras públicas, residências unifamiliares são praticamente exceções na lista de projetos do H+F. Dentre as poucas construídas, destaca-se a Casa em Santo Antônio do Pinhal (SP), feita de 2011 a 2014. É uma moradia, com três quartos, sala, cozinha e uma oficina, implantada em um lote voltado para uma reserva de Mata Atlântica. Respeitando o desnível da topografia do terreno, a obra foi feita em duas fases: a primeira etapa (equivalente ao embasamento) foi composta pelos muros de arrimo, as paredes de bloco de concreto, as lajes tipo painel treliçado para os pisos e terraços; a segunda, pela leve estrutura metálica para vigas e pilaretes, fechamentos e cobertura sobre o trecho superior envidraçado. O pressuposto era que essas peças fossem leves, montadas no próprio canteiro com perfis metálicos ordinários, como cantoneiras e perfis T, os quais poderiam ser fornecidos por uma serralheria qualquer, carregados numa pequena caminhonete até a construção da casa, onde seriam facilmente montados. Aqui o raciocínio arquitetônico está essencialmente amparado por questões construtivas, seguindo uma aspiração de simplificação dos componentes e do canteiro de obras. Os elementos são pré-fabricados, baratos e facilmente encontrados em catálogos do mercado da construção civil nacional, como as telhas metálicas sanduíche da cobertura da sala, as venezianas de chapas de compensado e os brises provenientes de modelos adaptados de janelas de escolas da FDE.

Mais recentemente, ficou pronta a Casa Apodi (2018-2020). Embora esteja em um lote urbano, a obra segue premissas semelhantes na escolha de materiais e nos princípios construtivos. Uma outra experiência nesse projeto foi o reúso de elementos da residência anterior que existia no terreno; por exemplo, uma antiga parede de tijolos foi reaproveitada em um trecho da nova fachada, a qual também tem um quebra-sol composto por telhas da cobertura demolida. Seja uma casa de fim de semana, seja uma residência cotidiana em São Paulo, ambos projetos são uma antítese aos desejos de sofisticação burguesa. Mesmo no caso de moradias particulares, os arquitetos do H+F utilizam os mesmos preceitos morais que norteiam seus projetos de obras públicas.

Para estruturar um escritório com projetos contratados por instituições estatais, é um tanto forçoso participar de muitas concorrências públicas e concursos abertos. Ao longo das duas últimas décadas, Hereñú e Ferroni entraram em dezenas dessas competições de projetos arquitetônicos. Como o próprio envolvimento em certames do gênero demanda tempo, disponibilidade da equipe e um certo risco financeiro, não raro o H+F tem estabelecido parcerias para disputá-los – além, obviamente, da oportunidade de trocar ideias e conhecimento com pessoas que não estão na rotina de sua sala na Galeria Metrópole. O concurso do Sesc Osasco, em 2013, foi feito com o Apiacás. Já o Sesc Limeira, em 2017, foi desenvolvido conjuntamente com Luciano Margotto, e foram premiados com o terceiro lugar. Por sua vez, o concurso para a sede, no bairro carioca da Lapa, do

Museu da Imagem e do Som (MIS) foi feito internamente no escritório e rendeu-lhes uma menção honrosa. Eduardo e Pablo assumem, depois de terem participado tantas vezes, que não há receita para vencer concursos. No entanto, coincidência ou não, os últimos quatro vencidos pelo H+F lidam com o restauro e a requalificação de edifícios históricos: o Museu da Diversidade Sexual (2014; em andamento), o Museu do Ipiranga (2017-2022) (pp. 76-91), o Museu Nacional (2020; em andamento) (pp. 92-99) e o edifício-sede do CAU-SP (2023).

O Museu da Diversidade Sexual recupera o palacete Joaquim Franco de Melo, um dos raros casarões das origens da avenida Paulista que sobreviveram à verticalização da região. No entanto, o patrimônio tombado não é exclusivamente a arquitetura, pois também inclui o terreno e, especialmente, as árvores. O levantamento das espécies vegetais, das massas arbóreas e da topografia é o balizador para o projeto do prédio anexo ao museu: sua forma repleta de inflexões é decorrência da busca pelos espaços intersticiais entre as preexistências naturais – o jardim – e artificiais – a casa. A edificação eclética seguirá sendo, visualmente, a protagonista para quem está na calçada da Paulista, mas, ao seu lado, surgirá uma praça de entrada, conduzindo o fluxo do público e de transeuntes para dentro do lote. O ingresso ao museu se dará pelo novo anexo ao fundo do terreno, e o redesenho do piso ao ar livre também fará a integração com o vizinho, o Parque Mário Covas – originalmente, parte do jardim daquela nobre residência.

Em uma escala muito maior, integrar jardim e museu é igualmente a questão inicial do projeto do Parque da Independência e do Museu do Ipiranga. Com a intervenção do H+F, o embasamento do edifício-monumento deixou de ser uma parte do projeto paisagístico de gosto francês para se converter em arquitetura: ainda no concurso, o gesto fundante foi enxergar o muro de arrimo como uma possibilidade de fachada ativa, isto é, posicionar o acesso principal do museu na cota do jardim. A partir disso, fez-se o subsolo desenhando a conexão com o edifício histórico, mantendo a chegada a ele através do saguão original. Após essa passagem do novo ao antigo, respeitou-se a experiência arquitetônica concebida por Tommaso Gaudenzio Bezzi há mais de cem anos, somente com intervenções de caráter técnico ou ampliações pontuais de acesso público nos andares da cobertura.

É possível encontrar equivalências entre os dois principais projetos em museus brasileiros na virada da década de 2010 para a de 2020: o Museu do Ipiranga e o Museu Nacional, no Rio de Janeiro, este feito em parceria com Fabiana Araújo, Marina Correia, Pedro Freire e Sandra Branco. Mais uma vez, a intervenção alicerça-se na transformação do promontório (no caso carioca, no trecho lateral ao palácio), mas aqui as circunstâncias e premissas são muito mais dramáticas devido ao trágico incêndio. Como o projeto ainda está em andamento, é complicado asseverar acerca do resultado, mas já é possível constatar uma espécie de arqueologia da construção antiga, com a descoberta de técnicas construtivas e de diversos elementos ocultos pela ocupação recente do museu. Para além da disposição das exposições e áreas funcionais da instituição federal, o momento é de prospecção de fragmentos arquitetônicos e registros históricos que sobreviveram ao tempo e à tragédia de 2018, pois esses são os parâmetros da realidade que conduzem o projeto.

Na entrevista que conclui este livro, Eduardo Ferroni explica uma questão que bem ilustra o estágio atual do projeto do Museu Nacional e também esclarece sobre muitos dos edifícios antes citados: "A gente entende que o enfrentamento da realidade é algo em movimento. O embate com a realidade – as pessoas, as instituições, a conjuntura política e social, as questões construtivas – vai se revelando gradativamente conforme o tempo do projeto e da construção. Se você tem claras suas intenções arquitetônicas, o encontro entre essas ideias e os dados da realidade fará o projeto melhorar". A ideia de operar positivamente em meio às mudanças inerentes ao processo de projeto remete à metáfora inicial: Pablo Hereñú e Eduardo Ferroni enxergam seu ofício tal como os jazzistas.

Francesco Perrotta-Bosch é arquiteto e escritor. Vencedor do prêmio de ensaísmo da revista *Serrote* (2013) com "A arquitetura dos intervalos". É autor de *Lina, Uma Biografia* (Todavia, 2021) e *Coleção Arquitetos da Cidade: SIAA* (Editora Escola da Cidade, Edições Sesc SP, 2021).

12. Sesc Osasco
13. Museu da Imagem e do Som-RJ
14. Casa Apodi
15. Museu da Diversidade Sexual
16. Sesc Limeira
17. Edifício-sede CAU-SP

12

13

14

15

16

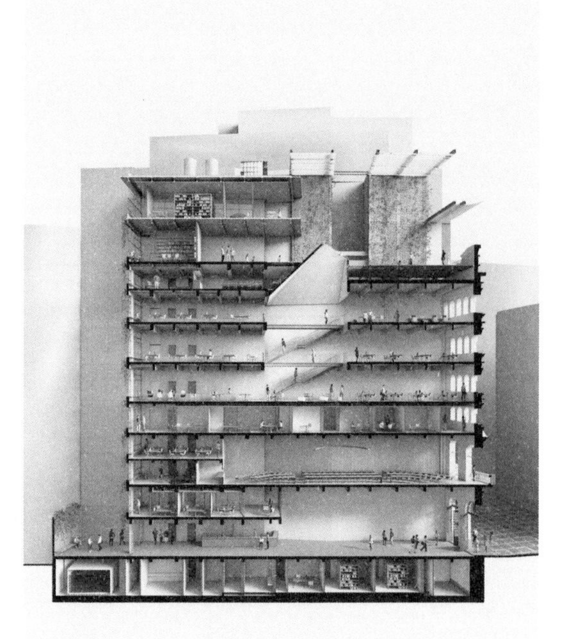

17

A NECESSIDADE DO MONUMENTO

JOÃO MASAO KAMITA

O projeto do Museu Ipiranga precisa ser compreendido dentro de um todo urbanístico. Trata-se de um efetivo programa ideológico que implica integração entre arquitetura, urbanismo e paisagismo na constituição de um complexo monumental.

Se o que define o monumento é o acumulo de valores que retém e propaga, estamos diante de um "autêntico" exemplar, afinal, o Museu do Ipiranga celebra o ato fundacional do Estado-nação brasileiro. O fato memorável, no caso, supera as diferenças de regimes políticos – império ou república –, buscando alcançar um valor "nacional", no sentido obviamente de ascender à consciência coletiva da sociedade. Nisso se constitui a ideia de monumentalidade.

A ter-se em conta a definição clássica de Alois Riegl,[1] a arquitetura apalacetada do Museu do Ipiranga-USP foi concebida como monumento intencional, ou seja, intencionada para ser monumento desde a origem, incorporando tanto valor histórico quanto valor artístico. Para o historiador austríaco, nada é mais representativo da consciência histórica moderna do que a intenção de edificar um símbolo autocomemorativo, identificando e elegendo fatos intrínsecos à sua própria formação. Mais do que simplesmente uma arquitetura de tipo palaciano, o edifício-monumento é símbolo puro. Por essa razão, a luz de seu farol aponta não somente para a celebração do passado, como também para a construção do futuro da jovem nação. Entretanto, é necessário alertar que, assim como o futuro é um projeto, o passado igualmente precisa ser inventado. Conforme descreve Affonso E. Taunay, diretor do Museu no período de 1917 a 1945,[2] os trabalhos para a apresentação do Museu para a comemoração do centenário deram destaque para o saguão nobre, escadaria monumental e salão de honra. No primeiro segmento, reúnem-se esculturas de bandeirantes como Fernão Dias Paes Leme e Antônio Raposo Tavares; cercando a estátua de D. Pedro I, no patamar da escadaria, efígies de homens notáveis da Independência e retratos de brasileiros ilustres; e, no Salão de Honra, destaque incontestável à imensa tela de Pedro Américo *Independência ou morte*, representação que coroa todo o conjunto.

Contudo, consciência histórica moderna também significa reconhecimento do relativismo histórico. Ou seja, consciência da impossibilidade da constituição de valores eternos e universais. De certo modo, o projeto do Monumento à Independência carrega consigo os preceitos de sua construção, bem como de seu próprio questionamento.

E nada confirmaria essa condição senão o enfraquecimento de seu valor comemorativo, cujo acionamento se dá na dependência de datas celebrativas. Aí, o passado parece ser convocado pelo presente.

Toda efeméride é, por isso, igualmente um momento de rediscutir valores e preceitos de autoridade instituídos. Estado nacional é, nos dias atuais, uma construção histórica extremamente contestada, por impor uma homogeneidade fictícia capaz de unificar em certos traços a "identidade da nação". O recorte racial, nessa narrativa, ganhou centralidade, uma vez que por ele se identificaria os grupos étnicos formadores da nacionalidade. Mas é justamente por instituir uma métrica comum que se pode construir uma escala de diferenças, do papel de cada um para a formação nacional, na qual o elemento branco ganhou protagonismo. Evidentemente que os símbolos erigidos dentro dessa visão eurocêntrica começaram a ser contestados, na medida em que exaltavam acontecimentos cujo sentido só valia para uma das partes, aquela que usufruía do poder.

Como vimos, monumento é uma autêntica máquina de lembrar, mantendo na memória fatos e personagens de "reconhecido valor". Mas essa escolha não é aleatória, muito ao contrário, passa por filtros sociais que incluem interesses de classe, no sentido de favorecer o *status quo*. O problema é que o monumento tende a estabilizar o passado, controlando seu sentido e recepção por meio de uma narrativa dominante. Assim o faz para domar a memória, sempre volátil e inclinada a favorecer as necessidades do presente, este sempre inconstante.

A questão da memória, evidentemente, é das mais problemáticas. O Monumento do Ipiranga é, sem dúvida, um dos mais canônicos da história nacional. Muito de sua presença simbólica se viu renovada com a recente restauração, motivada pela comemoração do bicentenário da Independência; mas a pergunta que se coloca, no campo que nos toca, é em que medida o projeto de arquitetura do H+F, vencedor do concurso, insere-se nessa discussão.

A ideia de um Monumento ao Ipiranga foi proposta pelo Império, no ano seguinte à proclamação de Independência, inserindo a data de 7 de setembro no calendário oficial das festividades nacionais. No entanto, a contratação de Tommaso Gaudenzio Bezzi ocorreu apenas em 1882. Arquiteto de origem italiana, Bezzi elaborou no mesmo ano o projeto em estilo eclético sem, contudo, ter-se um programa claramente definido para a edificação. Tão somente um objeto comemorativo.

Quando da passagem do Império para a República, suas instalações receberam o Museu Paulista, ficando, portanto, a cabo do estado de São Paulo a administração do *museu-monumento*. Sob o impulso do positivismo cientificista, a instituição seguiu o modelo do museu de história natural, exibindo coleções etnográficas, antropológicas, zoológicas e botânicas. Conforme descrição de fontes de época,[3] o andar térreo recebeu a parte administrativa, laboratórios, biblioteca, oficinas e coleção de estudos. O andar superior ficou destinado à exibição do acervo geral. A abertura oficial do Museu do Estado ocorreu em 1895. Em 1963, foi incorporado à USP.

Em termos de programa e espacialidade, o museu pouco se alterou ao longo do século XX, exceção à escavação do subsolo para atender à necessidade de ampliação da área técnica. Porém, tal mudança produziu perturbações nas sapatas, que causaram instabilidade na superestrutura, o que inviabilizou o uso eficiente do porão escavado.

Os problemas de conservação do museu tornaram-se graves no início da década de 2000, sobretudo a deterioração das fachadas e dos ornatos e a saturação das reservas técnicas, que inviabilizava a expansão do acervo. A decisão de fechá-lo para reforma geral ocorreu em 2013, após laudos técnicos alertarem para o estado crítico de várias salas de exposição. Nessa altura, faltavam menos de dez anos para a data comemorativa do segundo centenário da Independência, tornando urgentes a restauração e a ampliação das áreas do museu.

Um grupo de trabalho instituído pela USP, em sintonia com a comissão de espaço físico do museu, atualizou o programa de necessidades priorizando a ampliação das áreas de reserva técnica, ação educativa e exposição. Tudo se concentraria num bloco técnico que deveria ser alocado num subsolo, sob a esplanada em frente à fachada principal. Realizou-se um concurso de arquitetura em 2017, sendo declarado vencedor o escritório H+F

Arquitetos. A proximidade da comemoração do bicentenário da Independência acelerou os processos, e, no dia 7 de setembro de 2022, o Museu do Ipiranga foi reaberto ao público.

À primeira vista, as evidências de intervenção parecem ausentes, aparentando tão somente o esmerado trabalho de restauro do edifício existente, das fontes e dos jardins. No memorial do projeto, os arquitetos assumem não querer que as intervenções ganhem destaque, ou seja, que os sinais do novo se sobreponham ao existente. Mesmo se tratando de trabalho majoritariamente voltado para interiores, a ampliação de áreas sempre traz a oportunidade de, em projeto dessa modalidade, desenhar "anexos contemporâneos"; esse é o caso, por exemplo, da Tate Modern de Herzog & de Meuron. Embora se preveja a existência de um bloco anexo para abrigar a ampliação, ele não se apresenta como volume independente. Seguindo as determinações do edital, o novo espaço localizou-se abaixo da esplanada frontal da edificação. Porém, dele não percebemos nenhum elemento que o anuncie, como em outro caso célebre – as icônicas pirâmides do Museu do Louvre de I. M. Pei. Nada aflora desse piso para sinalizar o novo. O que se poderia configurar como uma crítica ao egocentrismo do arquiteto--autor não deixa de ser outro modo de ver a questão, tal como explicitam os arquitetos do H+F quando declaram, na memória do projeto, que o "objetivo geral não é impor a face do novo, mas revelar de maneira nova o que já está lá ..."[4]. Vejamos como isso se encaminha.

O acesso principal ao Museu, que antes acontecia subindo-se a esplanada rumo ao pórtico, agora ocorre no vão abaixo, no nível do jardim. O visitante adentra um salão amplo que concentra as principais atividades públicas, como bilheteria, atendimento ao público, cafeteria e acessos ao interior do Museu. As entradas foram localizadas simetricamente nas extremidades do muro de arrimo, margeando os limites do espelho d'água, de modo que o visitante do parque ingresse diretamente no saguão de acolhimento. Este se liga, de um lado, ao auditório e ao novo espaço de exposições temporárias; de outro, às áreas educativas, de serviços e administração. Dele também saem as galerias que contornam a área de recepção e levam às escadas rolantes, ao elevador e, por fim, ao saguão monumental no interior do Museu. A centralidade dessa área se afirma por se tratar de um lugar de convergência e distribuição tanto dos setores programáticos como do público em geral. A amplitude do saguão se destaca de imediato, e aí percebemos, se me é permitido apontar, um *traço expressivo*[5] do trabalho do H+F: a correlação entre tectônica e luminosidade. A luz é um dos elementos de projeto fundamentais; seu movimento é que faz vibrar os planos de base – piso de pedra portuguesa – e de cobertura – laje nervurada em concreto terroso. Dois grandes rasgos de luz são suficientes, ambos longas faixas horizontais: um, no muro de arrimo de 28 metros; outro, na laje de cobertura, no limite que assinala o bloco das inúmeras salas anexas. No nível do detalhe, observe-se o desenho inclinado da "verga estrutural" do rasgo no muro que faz a luminosidade deslizar rumo à laje nervurada, em contraposição, no lado oposto, ao plano branco que corre por toda a extensão longitudinal (entremeado por outro grande recorte, um segmento negro que recebe as bilheterias e informações), rebatendo e multiplicando a luz que vem de cima para finalmente tocar o piso de pedra portuguesa. O jogo de luz e matéria ganha os túneis – cuja condição arcaica lembra as antigas catacumbas –, que conduzem às escadas rolantes e ao elevador, com destaque para o canhão de luz que faz descer um facho dela sobre o hall de transição entre as escadas e a galeria intermediária entre o auditório e a sala de exposições. Um único feixe, e todo o espaço se mobiliza, transformando um mero canto funcionalista em abrigo espesso e cálido. É irresistível apontar que lembra o Le Corbusier de La Tourette e Chandigarh. Mais à frente, veremos outra situação em que tal poética se manifesta.

A princípio, se ficarmos apenas na dimensão técnica, poderemos dizer que o projeto seguiu diretrizes funcionais otimizando o programa de necessidades e solucionando exigências atuais de acessibilidade. Contudo, se atentarmos para a tipologia do palácio clássico, veremos que as questões de circulação seguiam normas que iam muito além das exigências de funcionalidade moderna. O partido acadêmico do museu organiza percursos a partir de eixos a longa distância, daí o esquema urbanístico/paisagístico que envolve: desde a avenida D. Pedro I, passando pelo Monumento à Independência, no início do parque, depois pela Casa do Grito, pelos jardins com fontes e espelhos d'água, pelas escadarias que ascendem à esplanada até chegar ao ponto mais alto e finalmente adentrar no interior pelo pórtico clássico. Ao atravessá--lo, encontramo-nos no saguão monumental, ricamente ornamentado, povoado por uma floresta de colunas, que dignificam o espaço, e de onde se avista a escadaria principal, cujo elemento central é a estátua de D. Pedro I. O trajeto cerimonial se conclui na chegada ao pavimento superior, no salão nobre, em que se encontra a tela *Independência ou morte*, de Pedro Américo. O circuito simbólico se fecha, a celebração se completa.

Se há alguma funcionalidade priorizada no partido acadêmico, é de natureza retórica; tudo é organizado como um discurso grandiloquente e ardoroso na exaltação do grande acontecimento fundador da história da Nação. Os signos estão ordenados etapa por etapa, consolidam-se conforme avançamos, ascendemos, segundo uma narrativa legitimada pela história oficial. O monumento não é própria ou exclusivamente o objeto físico, mas a somatória de valores que essa trama vai tecendo rumo ao epílogo de tons épicos.

Ficam claras, neste ponto, as diferenças de partidos do palácio oitocentista e do projeto recente – mas igualmente suas semelhanças.

Comecemos pelas convergências. Vimos que no complexo do Museu Ipiranga prevaleceu a razão urbanística. A reforma contemporânea, à primeira vista, parece ter-se restringido a alterações de interior. Contudo, pela comparação de partidos acima, podemos dizer que a decisão do novo acesso se justifica urbanisticamente, pelo fato de os arquitetos terem optado por fazer a entrada do museu na continuidade com o jardim. O que significa aproximá-lo do museu, e não o oposto, quando, para se ingressar no museu, tinha-se de subir na esplanada. Esta, agora, tornou-se parte do parque (e não pódio sobre o qual o edifício se assentava), servindo para inúmeras atividades de lazer e contemplação, tendo como literal pano de fundo a fachada (inacessível) do edifício apalacetado. Há que se incluir nesse circuito o bosque ao fundo do museu.

Por outro lado, o princípio fundamental do projeto do H+F evidencia um contraste de concepção radical com o modelo precedente: a negação do monumentalismo áulico pela disrupção de seu circuito cerimonial em favor de uma integração direta com o parque. A ruptura da continuidade espacial retórica ressignifica o monumento, visto que relativiza o valor de lugar de memória, constituído pela história oficial, ao conferir valor ao uso cívico do parque. A conexão entre parque e museu se constrói sob novas bases, deixando de ser ascensional e hierárquica para se converter em circularidade horizontal.

Aqui cabe um adendo, no que diz respeito à situação urbana da região. O bairro do Ipiranga, promessa de local privilegiado no final do século XIX e início do XX, não cumpriu com as expectativas. O processo de urbanização industrial acelerado e intenso, bem como a construção de grandes artérias viárias de ligação com o litoral, agravado pela construção da estação de tratamento de esgotos da Sabesp, em 1935, isolou a área e, por consequência, o Parque do Ipiranga. A acentuar tal enclausuramento, a região não foi contemplada pelas rotas do metrô e de trem nas proximidades (a recente estação de metrô do Alto do Ipiranga fica a cerca de dois quilômetros do parque; e a estação de trem Ipiranga fica a um quilômetro e meio). O parque é a única área pública de lazer num raio muito extenso, o que acentua a sua importância social e ambiental para romper com a dura aridez do entorno. Novamente, a ação estratégica do projeto sobre o museu e o parque tem como fundamento uma *ratio* urbanística.

Porém, o processo de desconstrução operado não se restringe à dimensão urbana. Intervenções no interior intensificam a intenção dos autores de "revelar de maneira nova o que já está lá". A começar por um nível mais arqueológico, com a revelação das alvenarias internas do muro de arrimo no novo saguão de acesso e das estruturas de fundação do pórtico da fachada monumental do Museu, no corredor aberto para a inserção das escadas rolantes. Aqui nos encontramos em face de maciços muros verticais, indício do novo circuito de circulação que dá direto no hall monumental, e que depois atravessa os pavimentos e se conclui na torre central. Para tanto, foi instalado, na parte posterior do corpo central, o novo núcleo infraestrutural de circulação vertical, que reúne elevadores e outros elementos técnicos como escadas, sanitários e shafts.

Dessa torre de circulação, podemos ir direto aos novos espaços expositivos no alto do torreão, um vão imenso equivalente a três pavimentos, no qual foram introduzidos pisos e passarelas sustentados por imensas treliças metálicas. O que se percebe nesse vão é extremamente significativo e está em direta sintonia com o que vimos na ampliação no subsolo. Nessas plataformas, vemos a estrutura modernizada da claraboia que ilumina abaixo a escadaria monumental de acesso ao pavimento superior do museu e as extraordinárias armações das imensas tesouras, bem como os imensos arcos de alvenaria que sustentam o telhado antigo. Se há algo que possa materializar a ideia de trabalho dos inúmeros mestres e artesãos que participaram da construção do edifício, nada supera tal lugar. Uma inestimável sabedoria construtiva do período ali se expõe, uma arqueologia cognoscitiva de valor didático ímpar. A nota final desse percurso é o mirante ao ar livre de onde se pode ter uma vista desimpedida onde reencontramos não só o entorno do edifício – o parque e o bosque –, como também de toda a área urbana. Para cobrir esse renovado espaço, foi construída nova cobertura de vidro que inunda o novo espaço, perfazendo o lugar mais luminoso do complexo. Novamente, a revelação da luz, já destacada no saguão de acolhimento, retorna, mas agora com um diferencial para além das sensações, alcançando um nível fenomenológico mais elaborado ao deixar ver o fenômeno da luz atuando no espaço, desde a nova cobertura, passando pelo véu da claraboia até chegar à escadaria do salão nobre, no pavimento nobre.

No nível da cobertura do segundo pavimento, que equivale ao plano de base do torreão central acima mencionado, estabelece-se a ligação com as duas torres laterais. É fundamental ressaltar que essa conexão era inexistente; logo, a maneira de se acessar as torres laterais era por meio de escadas helicoidais de madeira nas extremidades do pavilhão. Ou seja, as torres eram isoladas uma das outras. A introdução de uma galeria de conexão no teto estabelece uma ligação direta entre as três torres, em cujo topo se instalam novas salas de exposição. Ao facultar o percurso entre as torres, o projeto muda o estatuto da cobertura, transformando-a em um terceiro pavimento. O mesmo raciocínio se poderia empregar nos pavimentos abaixo, reservados exclusivamente para exposições do acervo, em que se pode passar de uma sala a outra, deixando o corredor de acesso à disposição para a apreciação da paisagem em frente – tal como fora concebido por Bezzi, que a desenhou como uma ampla *loggia*. Assim, a circulação se torna dinâmica e aberta, podendo o museu ser percorrido horizontal e verticalmente em todos os sentidos, quebrando desse modo a hierarquia entre espaços e modos de circulação oriundos do partido acadêmico originário.

Continuidade espacial é um dos fundamentos do espaço moderno; conquistá-la pelo estabelecimento da rede de circulação, tal como no projeto, e não pela ruptura da caixa, como nos exemplares procedimentos da arquitetura neoplástica ou de projetos Mies van der Rohe, revela um desvio da funcionalidade ortodoxa que determinava percursos em função do raciocínio do cálculo de eficiência positivista. Novamente, a exceção à regra é a *promenade architecturale* de Le Corbusier.

A diferença é que tal espacialidade moderna se realiza sem seu suporte linguístico convencional – base da forma da pura visibilidade –, mantendo, contudo, a premissa da transparência fenomenológica de revelar aquilo que está lá. Certamente, é um moderno mais tolerante, flexível, que aceita a convivência com seu outro, mas que não se inibe de operar transformação do partido acadêmico em algo que poderíamos denominar de moderno contemporâneo. A ação não é, portanto, dar forma ao novo como diferença radical nem, muito menos, submergir ao passado oficial como mera intervenção enaltecedora do existente. Nesta intenção de "revelar de maneira nova aquilo que já está lá", o tema da autoria sustentada por gestos fortes, seja uma forma afirmativa, seja uma tectônica imponente, é tomada de desconfiança; o que faz com que a ação se desloque para outro modo de correlacionar programa com os modos de usufruí-lo.

Não só pela afinidade programática, como também pela semelhança tipológica, uma comparação inevitável surge com a reforma da Pinacoteca do Estado, projeto de Paulo Mendes da Rocha. Ali o gesto é cirúrgico e contundente:

mudar radicalmente a espacialidade do partido acadêmico pela introdução drástica de outro eixo de acesso, em sentido transversal ao anterior. Paulo Mendes da Rocha concebe o projeto em sentido afirmativo, como ato de vontade decidido, portanto, classicamente moderno. Ainda que o impacto de sua arquitetura e atitude seja inegável, para a geração atual a ideia do arquiteto como uma individualidade assertiva parece mais distante. Não se trata apenas de trabalhos coletivos compartilhados, mas de atitude que reduz a dimensão épica do projeto, em prol de gestos que buscam se colocar em contato com sua própria historicidade. O que não significa recusar soluções definitivas em favor de ações paliativas, populistas, submissas à preexistência; ao contrário, a disposição em interferir no dado é sustentada, porém, no embate produtivo e crítico com as condições efetivas de produção, ou seja, a tradição da arquitetura, incluindo-se aí já a moderna, as condições de preexistência, a situação paisagística, o entorno urbano, a economia sustentável e até as narrativas oficiais da história. Enfim, é no debate entre interioridade e exterioridade da arquitetura que o projeto se insere.

É possível, por fim, arriscar dizer que o H+F Arquitetos, de maneira geral, valoriza um tipo de implantação que podemos sugerir mais aberta, contrariando desse modo o partido mais hermético das obras de tipo "brutalista", assinalando assim certa diferença de produção. Se uma dialética furiosa entre interior e exterior parece ser o fundamento originário dessa produção, definida lá pelos anos 1960 por Vilanova Artigas, na brutal realidade urbana vigente esse resistir à diluição e apagamento imposto pelo capital se confunde hoje com o solipsismo da elite, protegida não mais pelos altos muros e paredes rijas, mas por áreas condominiais de tipo VIP, novo *locus* do privilégio e da distinção.

Contudo, essa abertura ao urbano não quer dizer simplesmente voltar à velha prática do urbanismo ou do desenho urbano. O problema não mais pode se reduzir ao desenho, entendido como esse plano ideal em que o arquiteto, visto ainda como um demiurgo, antevê soluções únicas para problemas gerais. Urbano diz respeito mais às práticas do que à trama física extensa. Está mais para ordem dos usos sociais múltiplos e simultâneos, estes que justamente põem em xeque os monumentos e seus significados.

Três anos depois do concurso do Museu do Ipiranga, o H+F Arquitetos começou a elaborar o projeto para a reconstrução do Museu Nacional/UFRJ do Rio de Janeiro, destruído por um incêndio de proporções trágicas em setembro de 2018. Novamente, o confronto com outro marco de nosso patrimônio cultural – o antigo Palácio Imperial da Quinta da Boa Vista.

Novamente o cruzamento entre memória, história e patrimônio tece a historicidade do monumento. Antiga sede de fazenda, posteriormente passou a ser Palácio Real e, depois, Palácio Imperial, funcionando como residência dos monarcas da Independência à Proclamação da República. Passou a receber funções de museu em 1892, a princípio abrigando o acervo oriundo do Museu Real, fundado por D. João VI; mas, agora, instigado por ideais republicanos de progresso, ciência e educação, assumiu-se como museu de história natural, tornando-se uma das instituições do gênero mais importantes da América do Sul.

Contudo, a situação motivadora do projeto é bastante distinta – trata-se de resgatar a memória destruída pelo fogo. Nada de conotações celebrativas, mas de urgência em salvar um patrimônio em risco de desaparecer. Circunstância nada comparável à do museu paulista, que passou por um processo de restauração completo, no sentido de recuperar a unidade e integridade "original". No caso do Museu Nacional, a destruição foi quase completa, logo a recuperação da totalidade se mostra inviável, e a condição de ruína se torna parte integrante do monumento. Nessa tensão entre o todo e os fragmentos de memória, é que o projeto se instala.

A questão do original se repõe e ao mesmo tempo perde sentido. Entre tantos momentos marcantes ao longo da existência do palácio-museu, qual o que deveria ser recuperado, restaurado, revivido? Qual deles tem autoridade maior? E as marcas trágicas do atual, não deveriam ser "preservadas"?

Sem prelúdios, passemos logo ao tema do original imaginado, não no sentido fantasioso, mas um que seria verossímil. O projeto intenciona recuperar a articulação entre edificação e base elevada, típica do partido acadêmico. Assim, definiram-se duas diretrizes primordiais: reconstituir a implantação do partido clássico, redesenhando o embasamento do prédio, de modo a formar um platô retangular.

Além dessa articulação entre arquitetura e paisagem, o bloco anexo sob o embasamento receberá novos programas distribuídos em seus três pavimentos (café-restaurante, auditório, multiúso, administração, depósitos, vestiários). Um conjunto de rampas recupera uma antiga conexão entre o nível do parque e o platô elevado, onde se encontra o acesso ao museu. Estreitar os laços entre parque e palácio, novamente, é a divisa do projeto.

Pode parecer estranho, à primeira vista, a intenção de reativar o modelo clássico do volume sobre base, condição imprescindível para a constituição do monumento. No Museu Paulista, romper com o sentido de monumentalidade foi a decisão a ser tomada; no Museu Nacional, ela definiu-se pelo oposto: o fortalecimento de sua condição. Todo o problema se resumia a evitar que a edificação sucumbisse àquilo que Alois Riegl[6] denominou "valor de antiguidade", valoração possível de artefatos em estágio irreversível de degradação cujo encanto deriva da apreciação da ação da natureza retomando seus direitos sobre a construção. Enfim, quando os monumentos se encontram em estado de ruínas, os traços de sua existência, os sinais da mão humana e os indícios de seus usos são indiscerníveis. Ao "valor de antiguidade" se oporia o "valor histórico", ou seja, algo que, reconhecido historicamente por sua singularidade de época, e por tal, precisa ser protegido e conservado em sua máxima integralidade dada sua importância para o presente.

O incêndio no Museu Nacional ameaça romper esse equilíbrio de oposições ao afirmar como via de mão única o processo de entropia inevitável. A restituição de sua completude e unidade surge inviável; por isso, o projeto de arquitetura tenta se apegar aos pequenos fragmentos de um outrora todo imponente e célebre. A possibilidade de projeto encontra-se na reminiscência da memória de uma espacialidade, mais exatamente, da espacialidade palaciana que um dia ali se realizou e se constituiu enquanto monumento histórico.

João Masao Kamita (1964) é professor da PUC-Rio no Programa de Pós-graduação em História Social da Cultura e no Programa de Pós-graduação em Arquitetura e nos Cursos de Graduação em História e em Arquitetura e Urbanismo. É autor de *Vilanova Artigas* (Cosac&Naify, 2000), e um dos organizadores de *Um Modo de Ser Moderno: Lucio Costa e a crítica contemporânea* (Cosac&Naify, 2004) e *Arquitetura Atlântica - deslocamentos entre Brasil e Portugal* (Romano Guerra/Ed. PUC-Rio, 2019).

---

1 Riegl. *Culto moderno aos monumentos*. São Paulo: Perspectiva, 2019.
2 E. Taunay. Extratos de relatório de 1920-21 ao Secretário do Interior do Estado de São Paulo. In: *Às margens do Ipiranga*, p. 18.
3 https://www.timelinefy.com/timelines/2220
4 E. Taunay, *op.cit.*, p. 6.
5 Sei muito bem que, no ambiente da chamada "escola paulista", falar de expressividade pode soar depreciativo pelas associações (não tão óbvias) ao famigerado "formalismo", mas um crítico não pode deixar de traduzir em palavras suas percepções, sob o risco de falsear seu juízo.
6 Riegl, *op. cit.*

ESCOLAS UNIÃO DE VILA NOVA III E IV

SÃO PAULO, SP, 2003-2006
COM ANTONIO CARLOS BAROSSI E MILTON NAKAMURA

Duas escolas em um único edifício. Num terreno que ocupa três quartos de um quarteirão no extremo da zona leste paulistana, editais da FDE previam a construção de um colégio de 1ª a 4ª séries do ensino fundamental e outra escola, com turmas da 5ª série ao 3º ano do ensino médio. A área para construir era exígua, e os arquitetos, selecionados em distintas concorrências, decidiram se associar para fazer um único projeto.

A quadra esportiva dos estudantes menores fica no térreo ao ar livre. A escola dos alunos mais velhos tem sua área de recreação e esportes em cima das salas de aula do colégio adjacente. Portanto, uma instituição de ensino encaixa-se na outra, formando um todo arquitetonicamente único. O resultado é um volume de maior porte e mais vertical do que o entorno, constituído por moradias humildes e térreas.

A implantação do edifício demandou o controle da insolação nas fachadas voltadas para leste e oeste: a solução foi o uso de elementos vazados cerâmicos de 10 × 10 centímetros. É um componente que demanda pouca manutenção e perdura visualmente bem, mesmo com a entropia inerente ao passar dos anos. Os vizinhos passaram a reconhecer a cor e a textura das paredes de suas casas nesse material construtivo telúrico das fachadas da escola. Esse tipo de cobogó concede o caráter, a expressão e a singularidade que destacam o bloco educacional naquela paisagem urbana.

O bairro União de Vila Nova configura-se como uma espécie de ilha em meio ao Parque Ecológico do Tietê: isolou-se da malha urbana da região metropolitana devido à passagem do rio Tietê a norte, do córrego do Jacu, a leste, e das linhas férreas a sul e oeste. A infraestrutura de arruamento é precária. Equipamentos públicos são poucos. Com a entrada dos estudantes ocorrendo em um portão largo em frente a uma pequena praça com uma singela escadaria, ali criou-se um lugar de convergência de pessoas. Por consequência, a rua do colégio tornou-se uma área comercial do bairro dormitório: primeiro chegaram os ambulantes, depois as casas foram abrindo lojas no térreo. Assim, a escola virou uma indutora de urbanidade.

A. Planta 1º pavimento
B. Maquete 4º pavimento
C. Corte praça de acesso

0 5 10m
1:750

A.

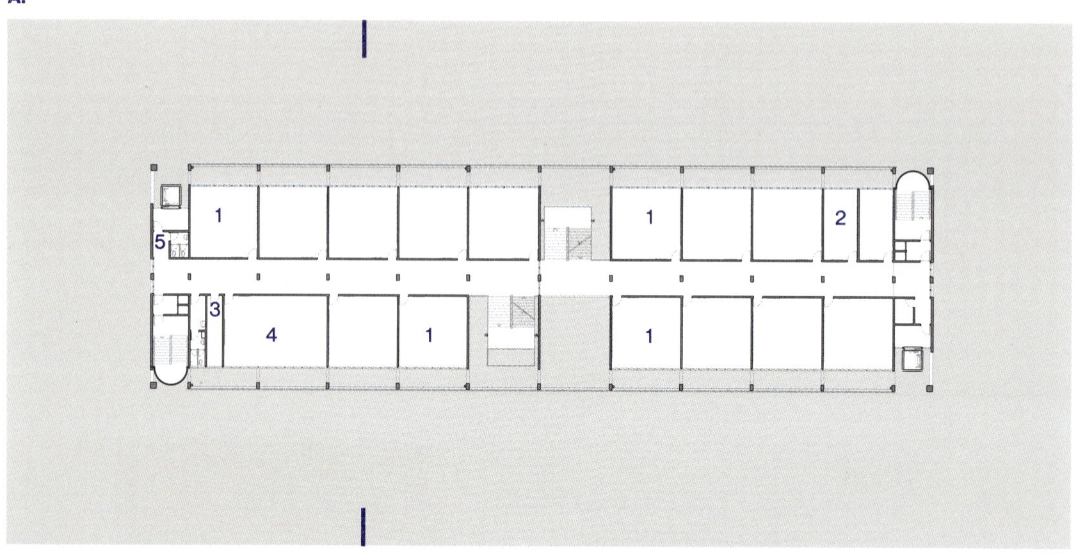

B.

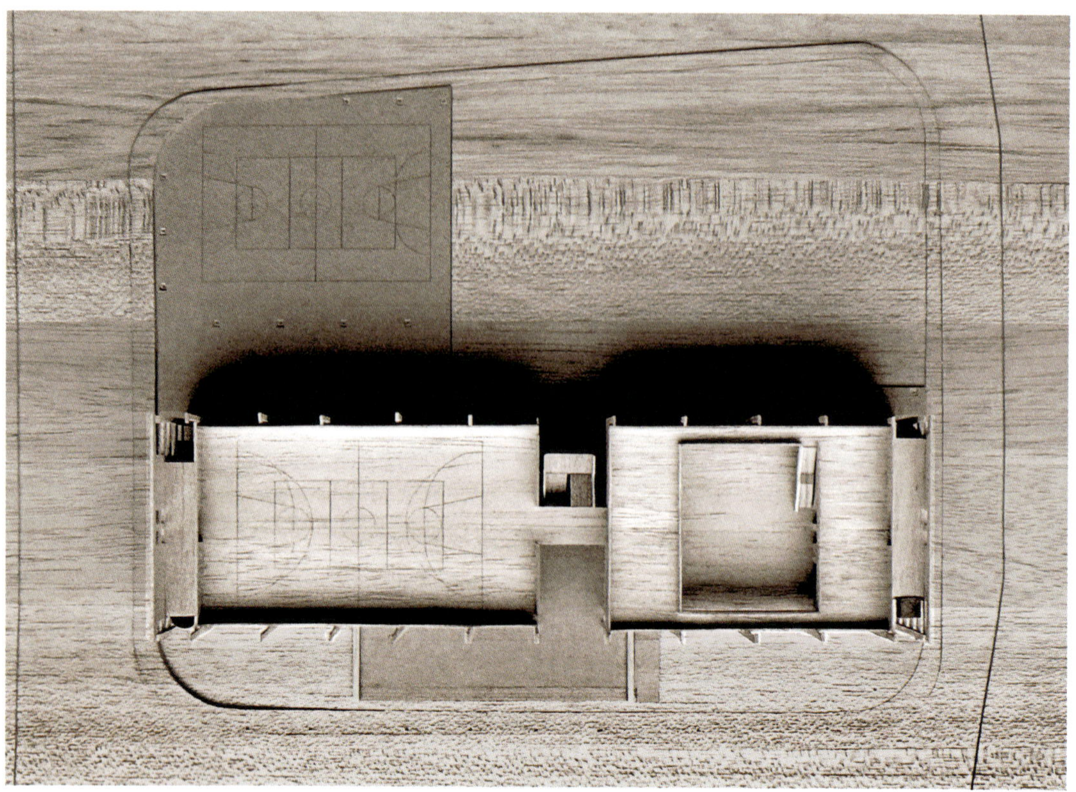

1. Sala de aula
2. Reforço
3. Depósito
4. Uso múltiplo
5. Sanitários

0 1 2m

1:150

c.

Nº 25

ESCOLA NOVA CUMBICA

GUARULHOS, SP, 2009-2014

Em meio a uma paisagem industrial, cinzenta e genérica, destaca-se um edifício de coloridas fachadas. Estas são compostas por igualmente fabris chapas metálicas perfuradas, fazendo as vezes de quebra-sóis, porém de distintos tons avermelhados. Tal particularidade tem motivo: é um equipamento público, algo raro naquele bairro em que, apesar de sua vocação fabril, verificava-se um crescimento habitacional.

Isso estimulou a FDE a ampliar as vagas de uma escola estadual ali existente. Nada restou da edificação original. Mas esse é um dado relevante para compreender a construção. A Escola Jardim Nova Cumbica III é composta por dois blocos erguidos em etapas diferentes: o primeiro foi feito quando o antigo prédio de ensino ainda estava em atividade e, ao término da fase inicial da obra, demoliu-se o existente e construiu-se o segundo volume no terreno – com todos os andares das duas partes diretamente conectados.

A estrutura é pré-fabricação em concreto. Os demais componentes, como telhas e caixilhos metálicos, são facilmente encontrados em catálogos da construção civil nacional, simplificando a execução.

Os três andares superiores são acessados por rampas e escadas, prescindindo de elevadores, de manutenção cara para um colégio público de periferia, e permitindo uma promenade interior que oferece um conjunto de vistas da cidade ao redor.

A urbanidade promovida na relação entre escola e bairro é constatada, sobretudo, no portão de entrada: o acesso não se posiciona junto à rua de veículos, mas volta-se para o córrego Popuca, cujas margens tinham sido recuperadas com a remoção de ocupações irregulares e a construção de novas contenções. No meio da obra, decidiu-se ali fazer um passeio público adjacente à pequena praça Josefa Bispo da Silva.

Concede-se assim identidade a essa área verde e ribeirinha, que se anima a cada horário de chegada ou saída dos alunos. As crianças passaram a ter um lugar mais amplo que uma simples calçada. Os pais podem esperar os filhos num longo banco de dezenas de metros de comprimento. Surgiu então um espaço público de encontros da comunidade local.

A. Implantação 1:750

B. Corte praça de acesso 1:300

C. Planta 1º pavimento 1:500

D. Planta 2º pavimento 1:500

E. Corte transversal 1:500

A.

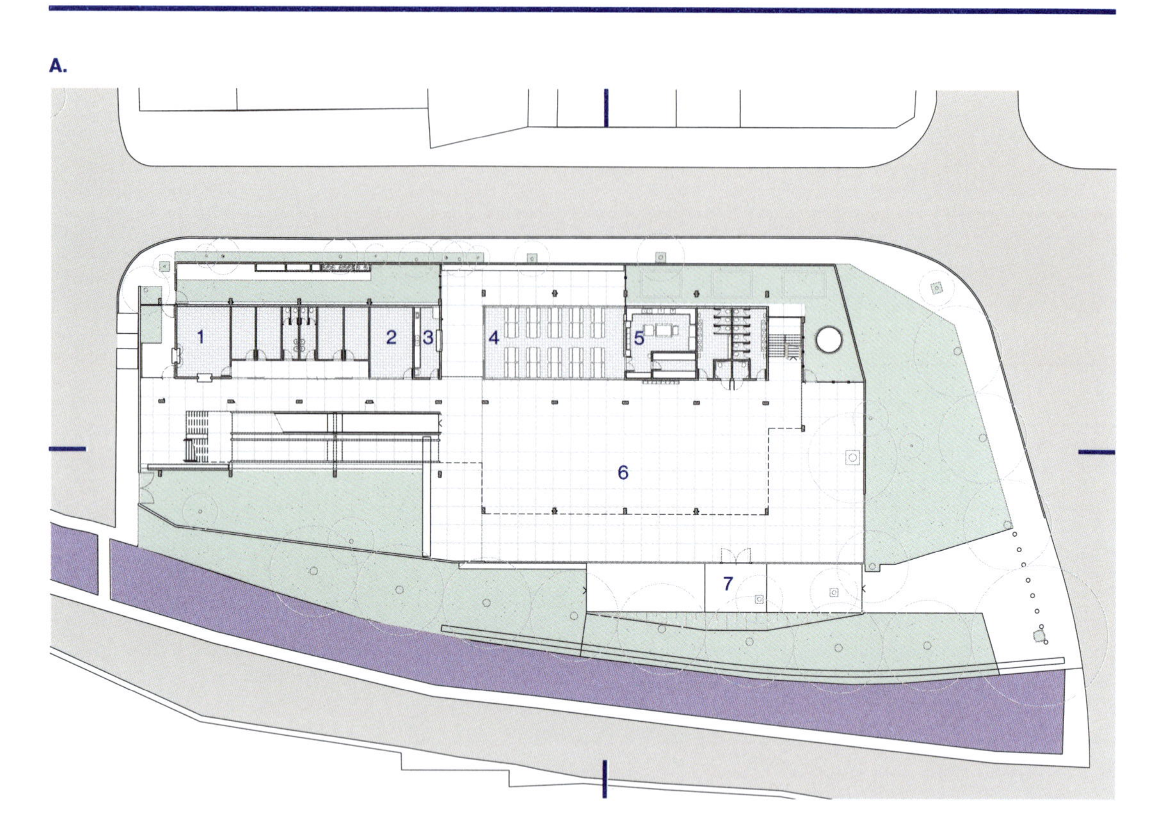

B.

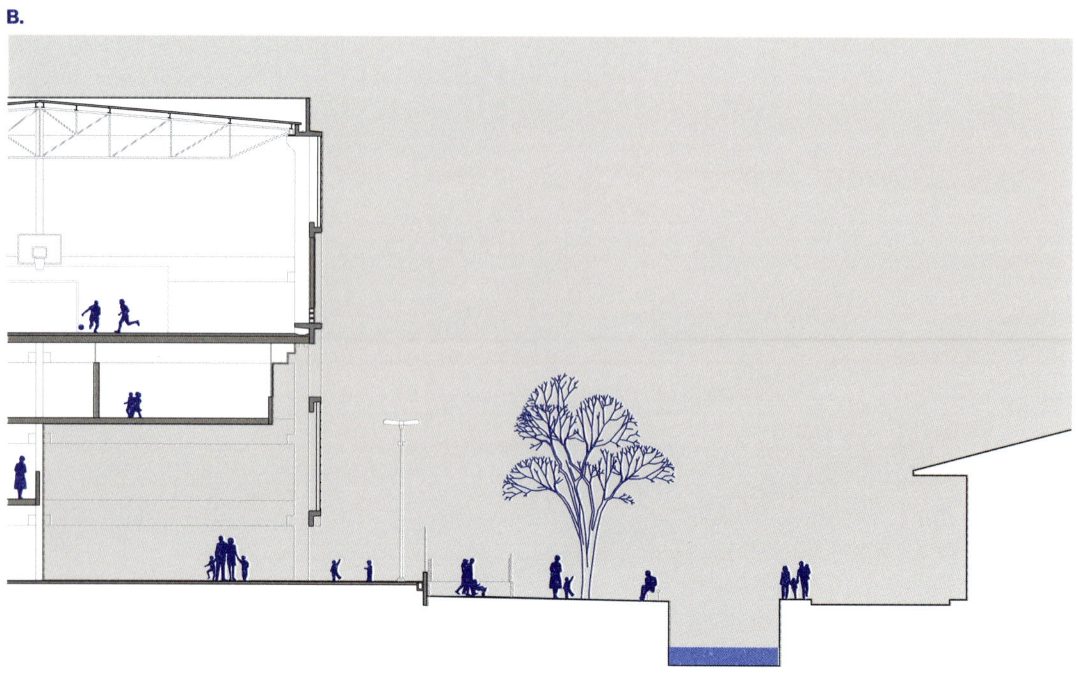

1. Secretaria
2. Grêmio
3. Cantina
4. Refeitório
5. Cozinha
6. Pátio coberto
7. Entrada de alunos
8. Sala de aula
9. Uso múltiplo
10. Laboratórios
11. Sala de professores
12. Biblioteca

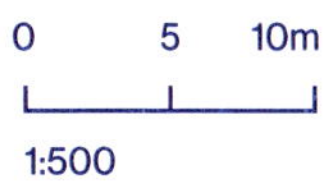

C.

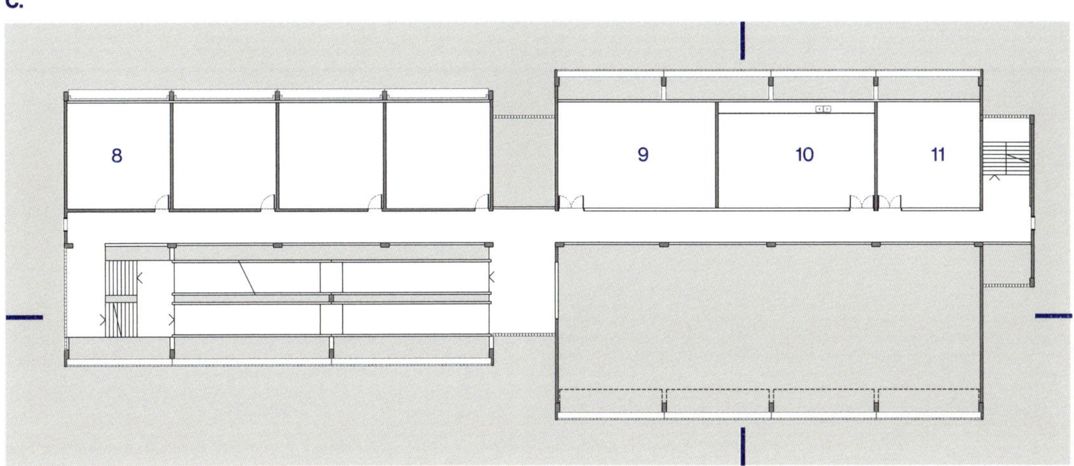

D.

E.

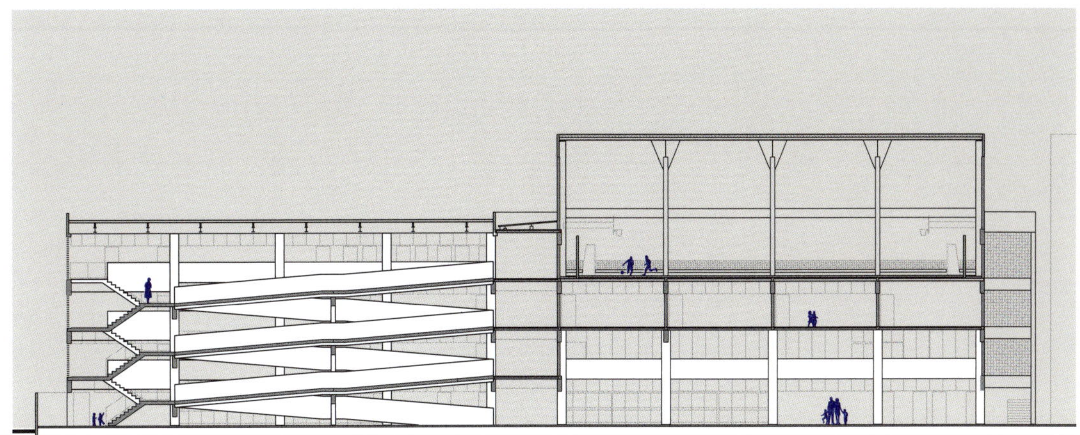

SAÍDA

LavaCaminhões
PRECISA-SE DE
LAVADOR DE
CAMINHÃO

MONTEIRO
DIESEL
SERVIÇOS E PEÇAS
23

ESCOLA JOANÓPOLIS

JOANÓPOLIS, SP, 2009-2017

Não se trata da construção de um novo colégio público, mas sim do anexo de uma escola estadual construída em 1911. O edifício, da Primeira República, é de autoria do arquiteto Hércules Beccari: um projeto padrão composto por apenas quatro salas de aula divididas em duas alas simétricas – a intenção era separar o ensino de meninas e meninos – e executado em diferentes lugares, tal como esse pequeno município do interior paulista.

Com o passar do século, o lote (na verdade, um quarteirão inteiro da cidade) da Escola Cel. João Ernesto Figueiredo foi sendo ocupado por uma série de pequenas casinholas, ampliações e reformas, feitas conforme as demandas de diferentes épocas, sem qualquer plano geral. O conjunto arquitetônico era tombado, porém completamente descaracterizado.

O programa da FDE previa a implantação de uma nova quadra poliesportiva coberta e o reordenamento de parte do programa didático no terreno em aclive. O projeto arquitetônico partiu da demolição do confuso conjunto de pequenos anexos posteriores ao desenho de Beccari. Em contrapartida, criou-se um novo pavilhão, que se implanta como um pano de fundo em relação ao edifício histórico – aliás, respeitando o patrimônio, as platibandas do novo edifício não ultrapassam a altura dos torreões da antiga escola.

No quarteirão, o lado oposto à fachada principal, do começo do século XX, tornou-se uma nova frente urbana: uma estrutura em pré-fabricados em concreto, com a parede junto ao rés do chão composta por blocos de concreto – com pequenas aberturas a anunciar sutilmente na calçada as atividades internas da escola –, e, por fim, a chapa metálica ondulada e perfurada fecha um plano no andar superior, recortado tal como uma longa fenestra no trecho do corredor-mezanino.

Antigo e novo conectam-se por uma marquise, que configura o pátio central ajardinado. Este núcleo ao ar livre interioriza-se no recente pavilhão como o principal ambiente de pé direito duplo para convivência de estudantes. O esquema de circulação é semelhante ao de um claustro. Assim, o projeto recupera e potencializa as qualidades da implantação original.

A. Implantação
B. Elevação sul
C. Corte transversal ampliação

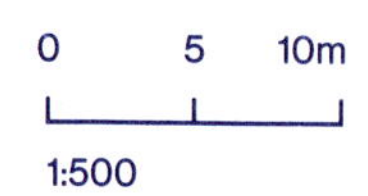

A.

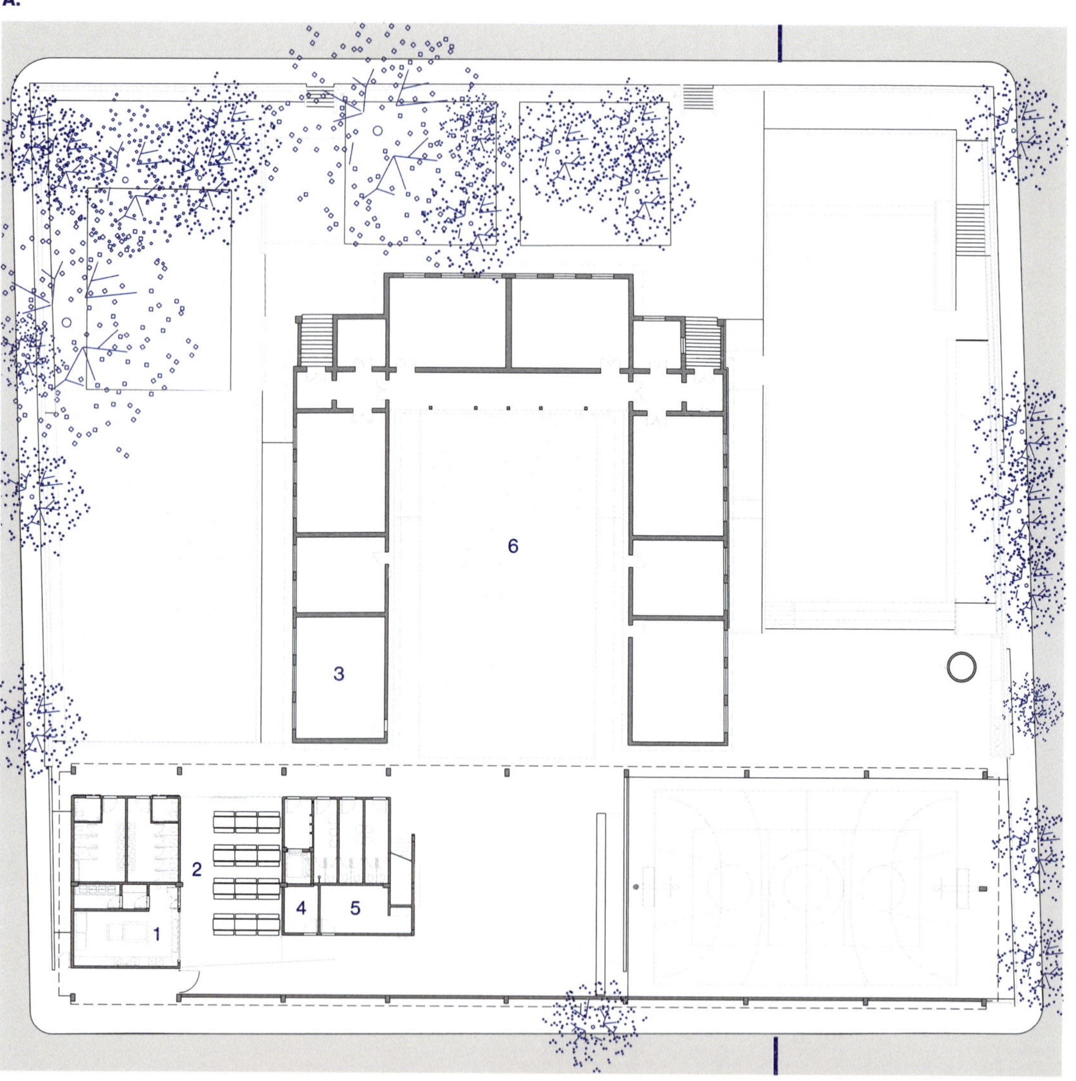

B.

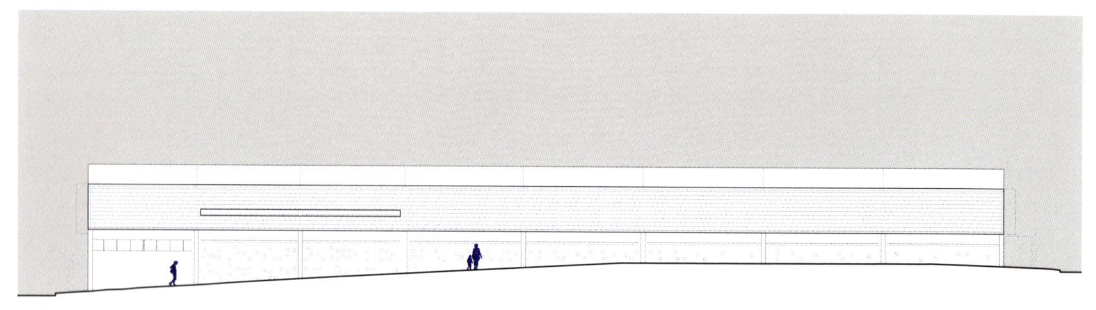

1. Cozinha
2. Refeitório
3. Sala de aula
4. Depósito material didático
5. Depósito educação física
6. Escola existente

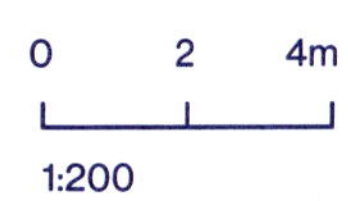

B.

E
HORÁRIO

CONJUNTO JARDIM EDITE

SÃO PAULO, SP, 2008-2013
COM MMBB

Antes de a avenida Engenheiro Luís Carlos Berrini tornar-se um centro financeiro com dezenas de altas torres envidraçadas, o terreno do Jardim Edite era ocupado por uma favela. A cobiçada esquina com a avenida Água Espraiada, atual avenida Jornalista Roberto Marinho, era endereço de centenas de famílias que ali moravam precariamente desde o início dos anos 1970. Na década seguinte, a região passou a receber investimentos maciços em infraestrutura por meio da Operação Urbana Consorciada Água Espraiada. Os recursos eram alocados na canalização de córregos, na ampliação de avenidas, na realização da ponte estaiada, na remoção de moradores de assentamentos irregulares e na construção de conjuntos habitacionais, tal como o Jardim Edite, também fruto da persistente reivindicação da organização comunitária local.

Ocupando dois quarteirões, o complexo é composto por 252 apartamentos em cinco blocos: acima do embasamento de uso coletivo, há três torres residenciais de quinze pavimentos e duas lâminas igualmente domiciliares com quatro andares. Os três edifícios mais altos são implantados paralelamente, intercalando-se com os prédios mais baixos e longos, o que forma uma sequência de blocos perpendiculares uns aos outros.

Tal volumetria geral promove vazios entre os prédios, proporcionando vista desimpedida, ventilação cruzada e iluminação natural a todas as moradias. As unidades têm sala com cozinha integrada, área de serviço, banheiro e dois quartos, totalizando cinquenta metros quadrados de área interna. São quatro tipos diferentes de plantas de apartamentos.

Pátios internos por entre embasamentos oferecem áreas de interação entre vizinhos, as quais se articulam com partes não residenciais. Afinal, o térreo do complexo contém três equipamentos públicos: um restaurante-escola (850 metros quadrados); uma unidade básica de saúde (1.300 metros quadrados) com mais de vinte salas de atendimento; e uma creche (1.400 metros quadrados) para cerca de 170 crianças.

Ao ser um conjunto habitacional para baixa renda somado a um rés do chão com serviços abertos a todo e qualquer cidadão, o Jardim Edite acena com um modelo alternativo para as metrópoles brasileiras, com a coexistência de habitações e equipamentos de interesse social em bairros nobres, atuando como catalisadores de inclusão social e integração urbana.

A. Planta geral do nível térreo
B. Planta geral do 1º pavimento

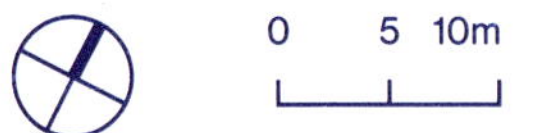

A.

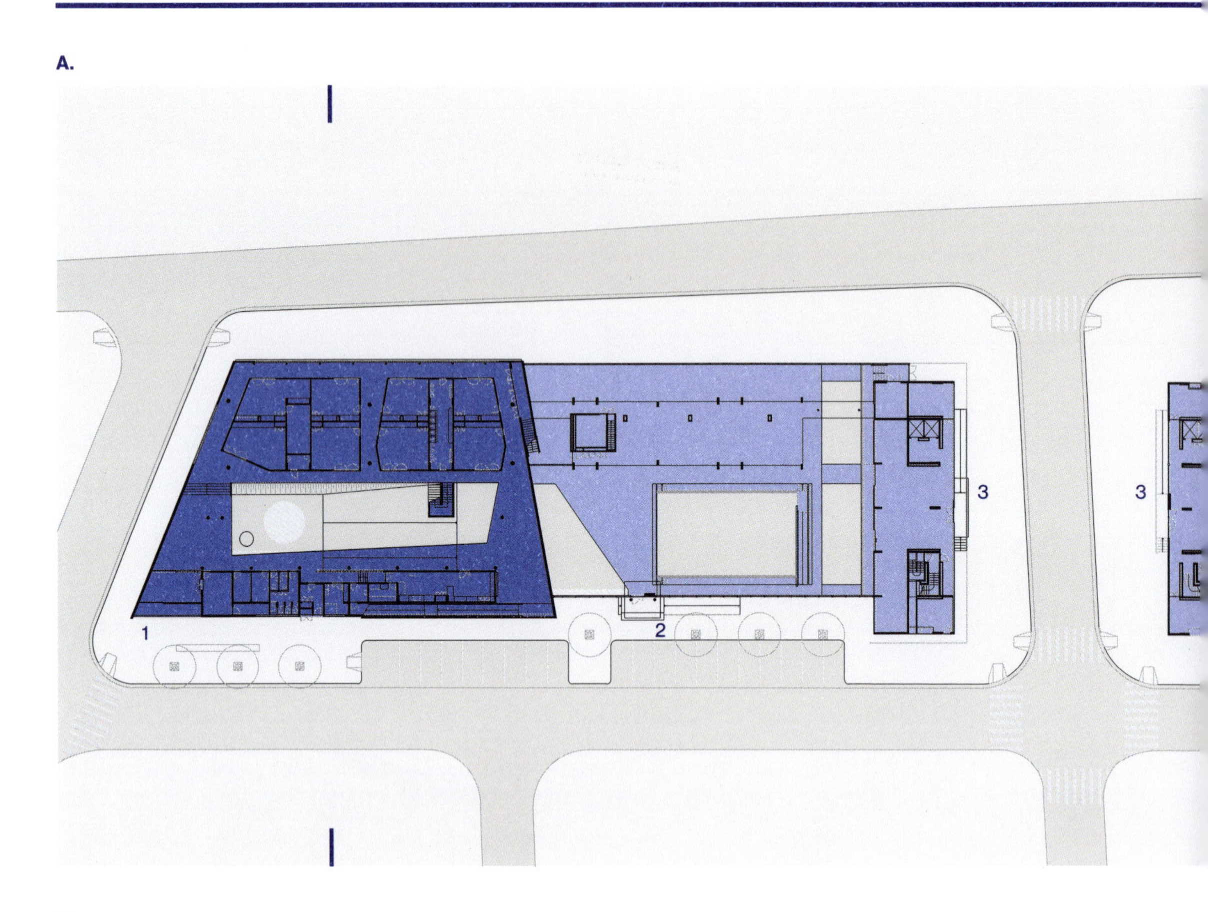

B.

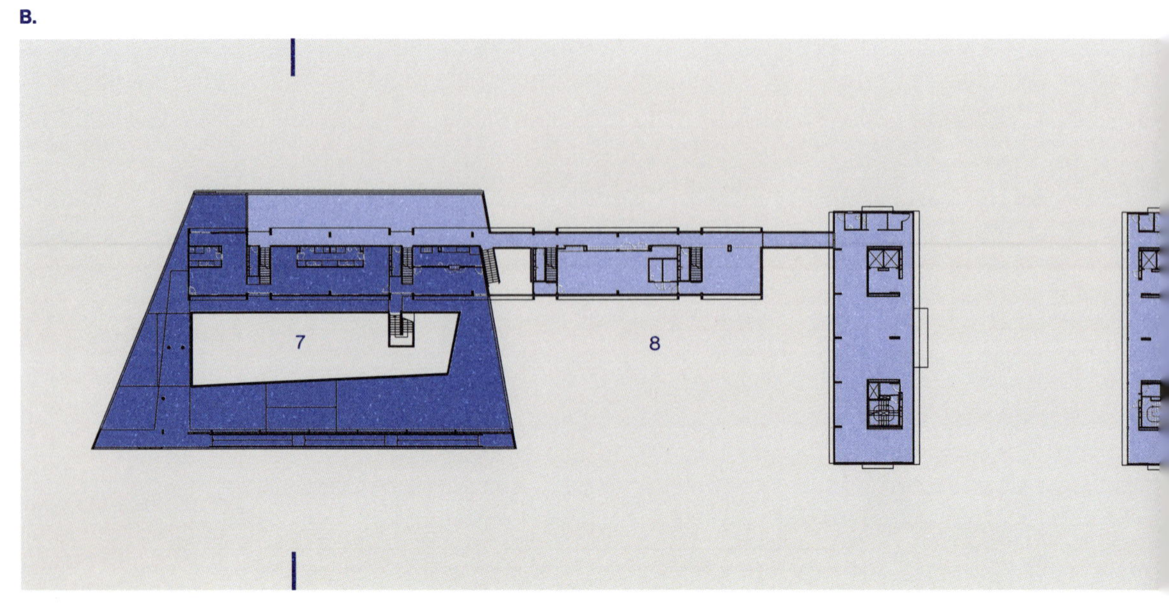

1. Acesso creche
2. Acesso lâmina quadra 2
3. Acesso torre
4. Acesso unidade básica de saúde
5. Acesso lâmina quadra 1
6. Acesso restaurante escola
7. Pavimento superior creche
8. Áreas condominiais

- Creche e restaurante
- Áreas condominiais
- Unidade de saúde

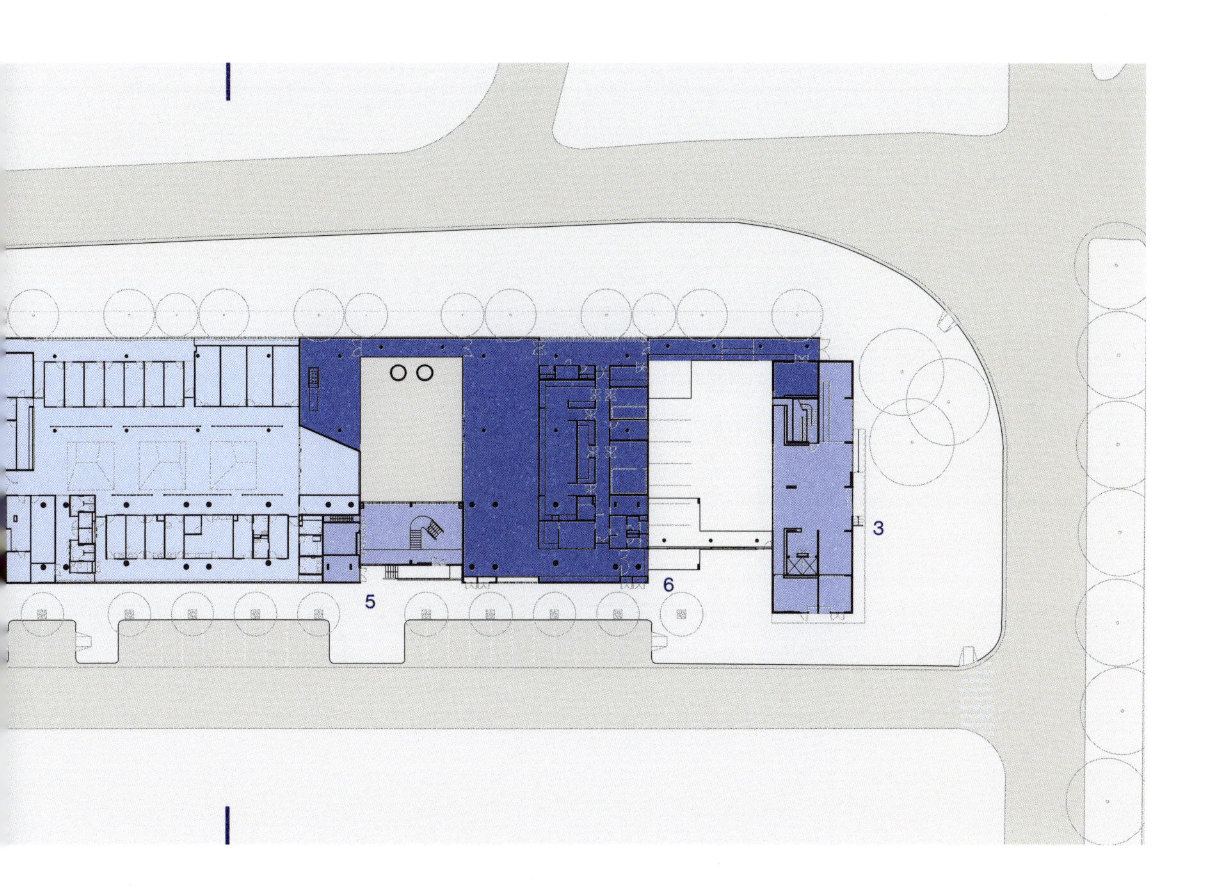

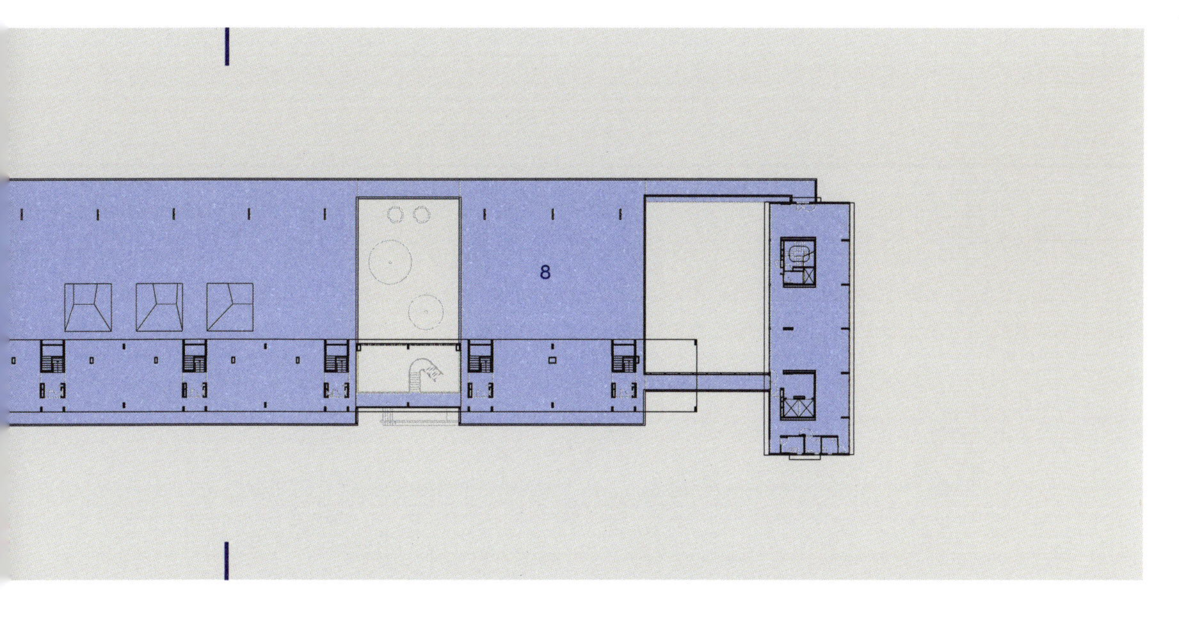

C. Corte transversal quadra 1 (creche)

D. Corte transversal quadra 2 (unidade básica de saúde)

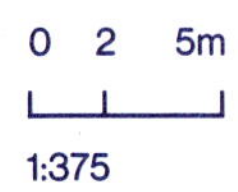

C.

D.

E. Lâmina duplex superior

F. Lâmina duplex inferior

G. Lâmina unidade tipo

H. Torre pavimento tipo

0 1 3m
1:250

E.

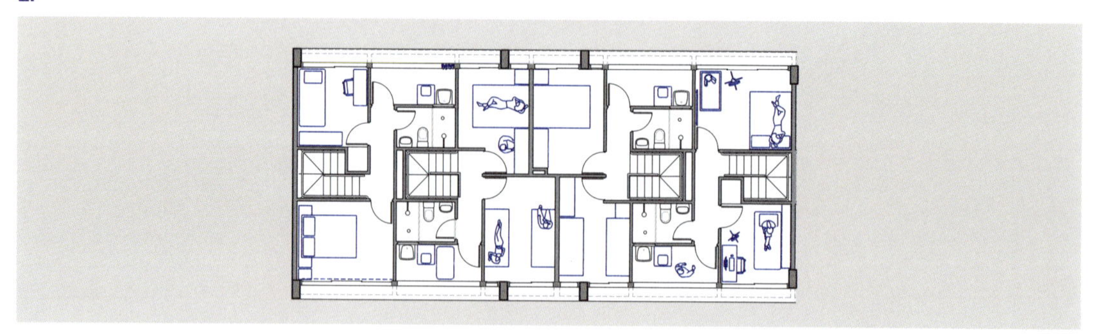

F.

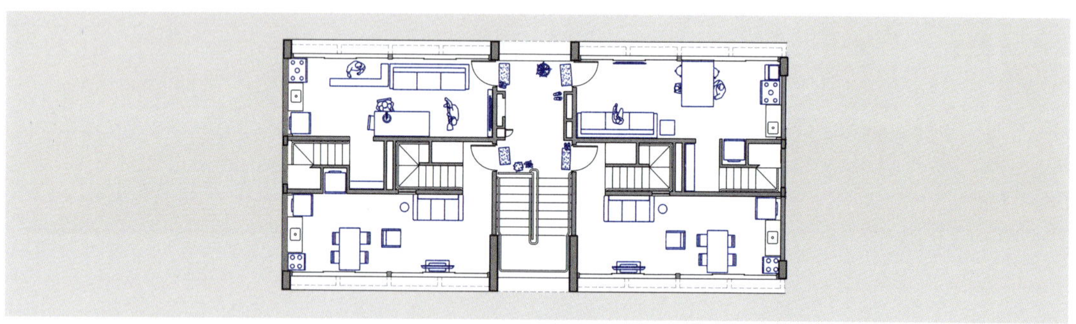

G.

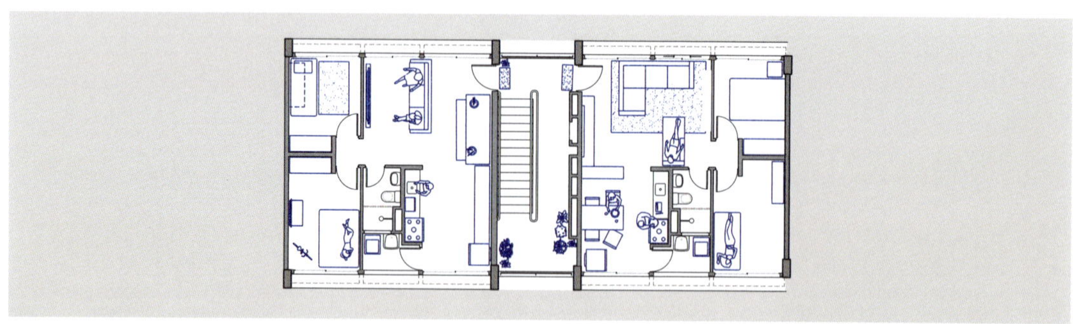

H.

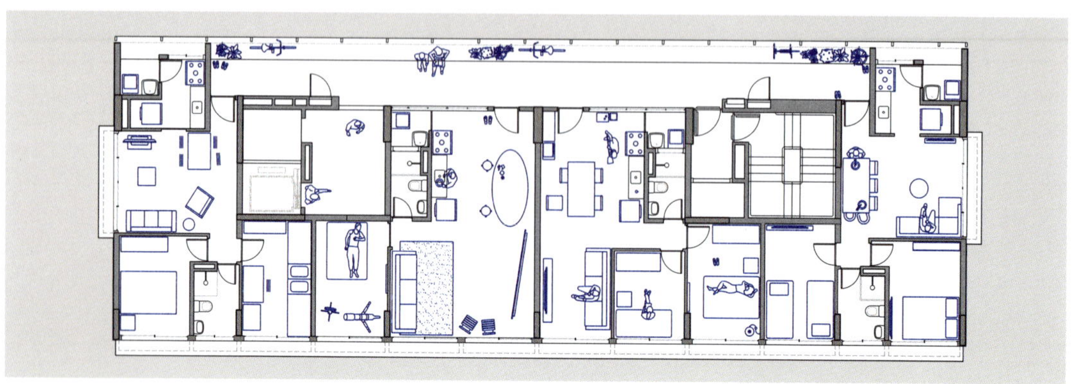

CONJUNTO URBANO PONTE DOS REMÉDIOS

SÃO PAULO, SP, 2011-2023
COM MARCOS ACAYABA

Um conjunto habitacional não precisa ser exclusivamente dedicado a apartamentos, tampouco ser um condomínio fechado. O projeto do conjunto habitacional da Ponte dos Remédios alicerça-se no desenho do chão urbano e na sua ênfase em programas complementares à habitação.

Às margens do rio Tietê, seu imenso lote era ocupado por uma siderúrgica. Ainda constituído por grandes terrenos industriais, o bairro é bem servido de infraestruturas de transporte, porém carece de serviços cotidianos a moradores, que crescem em quantidade e modificam o perfil da região.

Quando a Secretaria de Habitação licitou prédios que somariam mais de 1.200 apartamentos naquela gleba, os arquitetos questionaram como os novos habitantes iriam à padaria, à farmácia, ao hortifrúti ou ao bar. Esses ainda não existiam na vizinhança. Sem contar que as mães não teriam onde ali deixar seus filhos durante o expediente de trabalho. Por isso, propôs-se a introdução de várias pequenas lojas e uma creche nos térreos dos edifícios.

O projeto é, sobretudo, um plano urbanístico: não se fez um enclave residencial murado numa região consolidada, mas, preservando alguns galpões fabris como registros históricos, desenhou-se o arruamento que organiza o grande terreno em quarteirões, os quais, com o passar das décadas, tendem a se mesclar integralmente com o tecido urbano ao redor.

Isso fica particularmente claro nos dois primeiros edifícios concluídos: lâminas de seis e nove andares de moradias que completam uma quadra, cuja antiga frente tem uma linha de sobrados. Em frente aos dois prédios, configura-se como nova via comercial de larga calçada e pracetas arborizadas. As pastilhas coloridas das fachadas térreas revelam uma curiosidade do processo: cada cor identifica uma loja – um virtuoso acaso, pois tais caros materiais eram restos disponíveis de outra obra da mesma construtora.

Desse modo, instaura-se urbanidade no lugar. O mesmo caráter comunitário é encontrado nos corredores de acesso aos apartamentos: operam como longas varandas de sociabilização entre vizinhos, com peitoris seguros para as brincadeiras de criança e vistas franqueadas para a paisagem urbana.

613

A. Plano urbanístico preliminar

B. Edifícios fase 1

1. Transporte público
2. Comércio e serviços
3. Acesso apartamentos
4. Praça
5. Creche
6. Bloco F1
7. Bloco F2
8. Torres
9. Antiga portaria
10. Antigo Galpão

A.

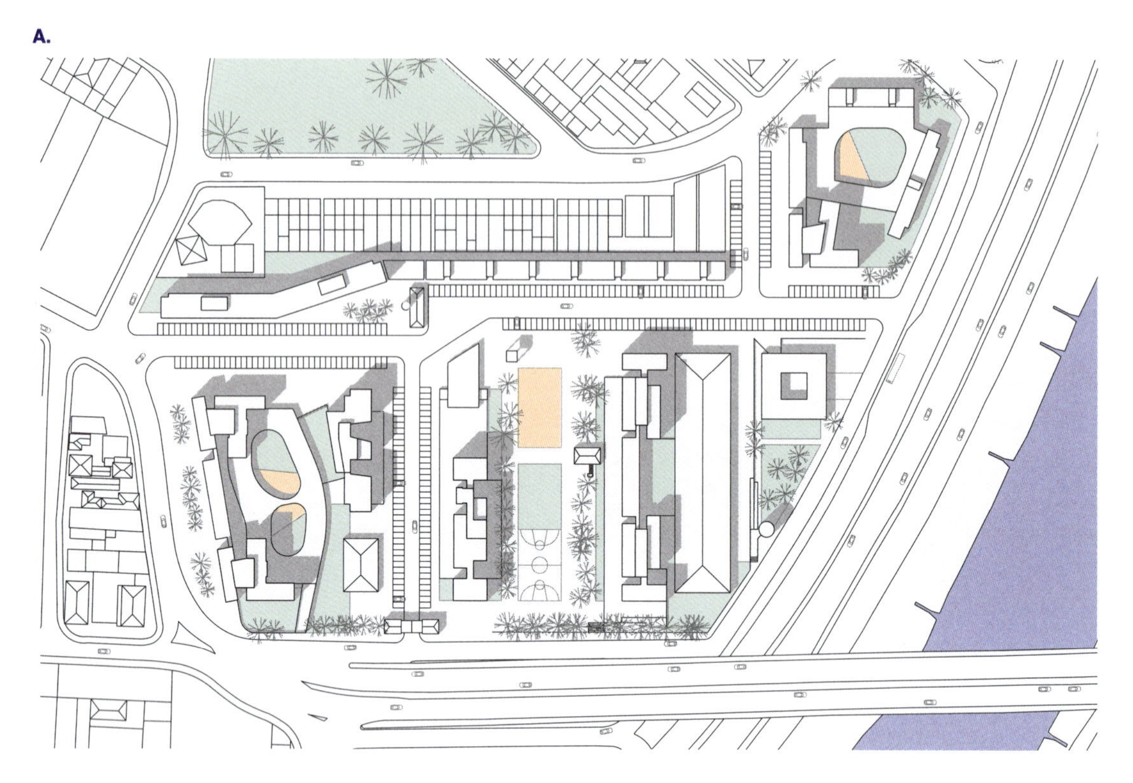

B.

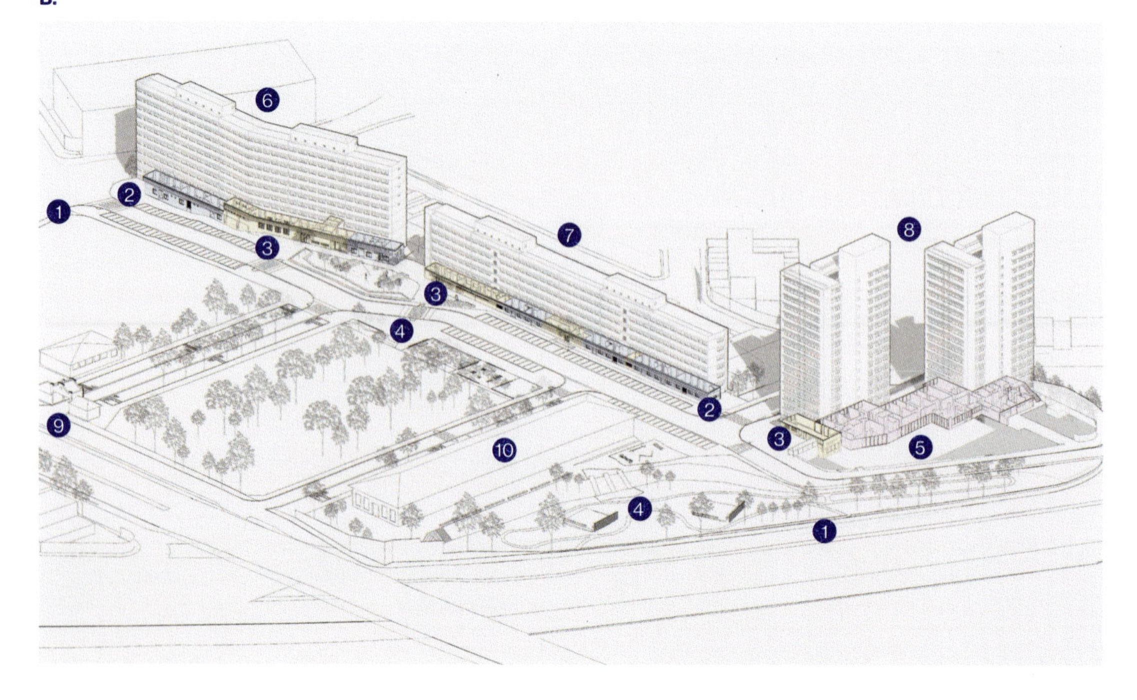

C. Unidades tipo bloco F2
D. Unidades tipo bloco F1
E. Unidades tipo vértice bloco F1
F. Pavimento tipo torres

0 1 3m
1:250

C.

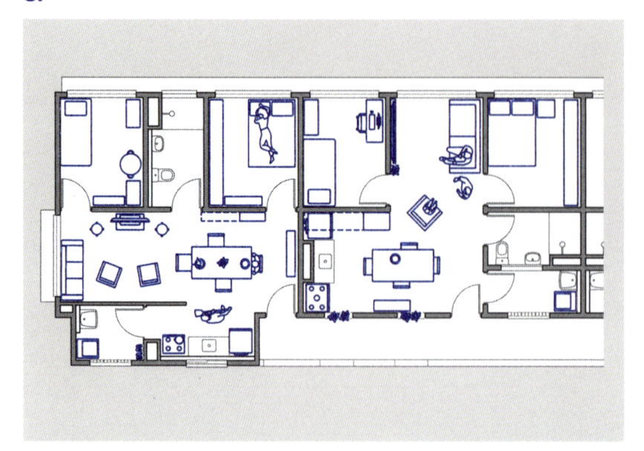

D.

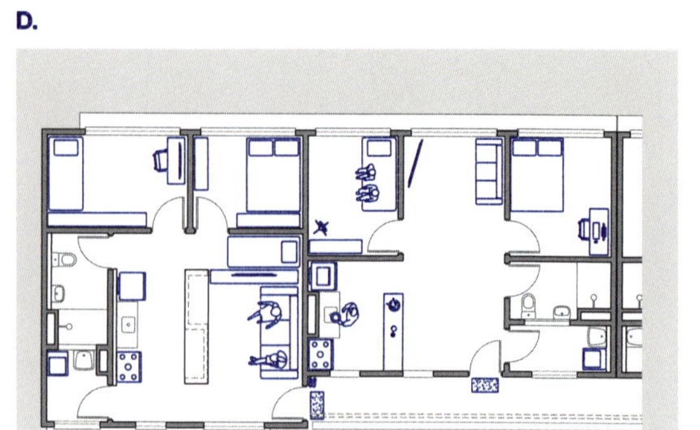

E.

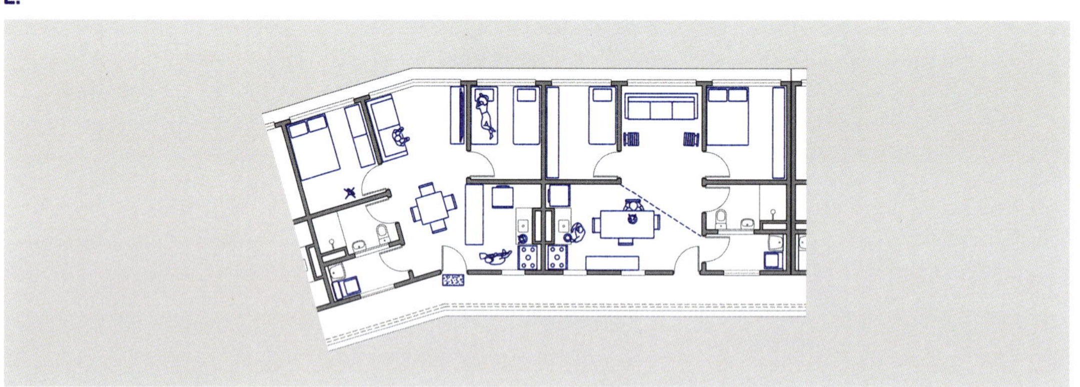

F.

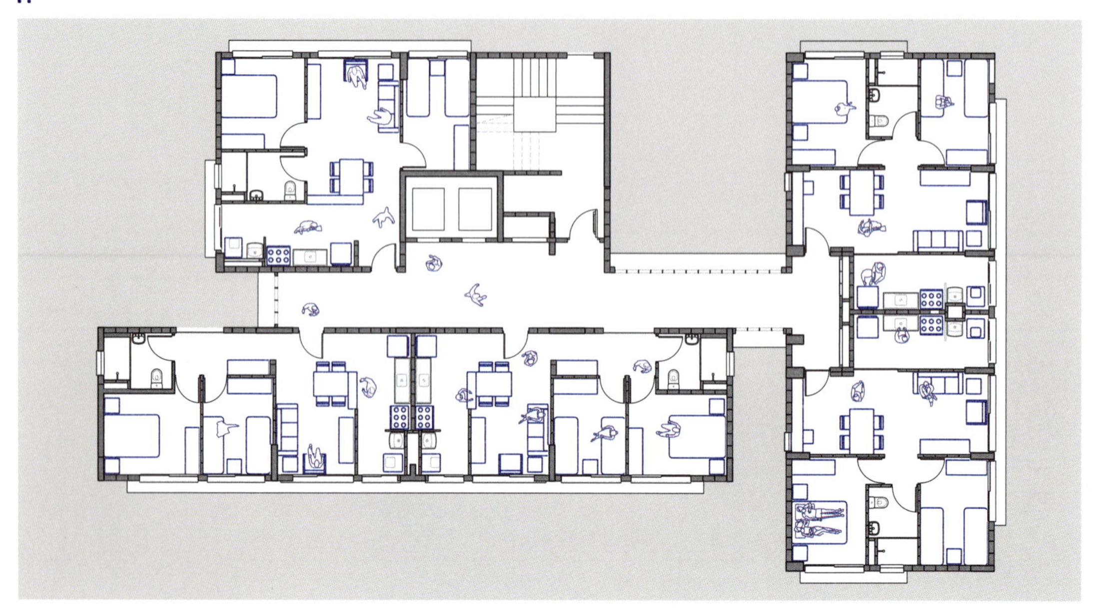

HABITAÇÃO ESTUDANTIL UNIFESP

OSASCO, SP, 2014-2018

Conferir caráter ao acesso do campus da Universidade Federal de São Paulo por meio do estímulo da dimensão pública da vida estudantil. Esse é o princípio do projeto arquitetônico da habitação dos alunos da Unifesp em Osasco.

A implantação desse prédio visa mediar as relações entre a universidade e o bairro no qual o campus se insere. Por um lado, refuta-se a ideia de isolar o ambiente acadêmico para resguardá-lo da velocidade e ruídos próprios à dinâmica urbana. Por outro lado, era necessária a delimitação de limites físicos para indicar com clareza os pontos de acesso controlado ao campus. Isso posto, configurou-se uma nova praça pública entre a rua Newton Estilac Leal e o edifício habitacional, criando um amplo espaço público no percurso de quem vem da estação Quitaúna, da linha 8 da CPTM, onde se abre uma perspectiva visual para a entrada da Unifesp. As dimensões dessa praça permitem que ali se introduzam equipamentos de lazer e uma quadra poliesportiva de fruição livre tanto aos estudantes quanto à vizinhança.

O desenho do conjunto residencial configura um grande pátio, cujo interior guarda uma atmosfera mais doméstica – um ambiente coletivo, porém mais íntimo. Conformando a divisa entre esse pátio e a praça, o térreo da moradia estudantil possui a biblioteca comunitária, o cineteatro e a oficina de artes, os quais estimularão a sociabilidade entre os universitários e a população do entorno.

Com um declive acentuado, a topografia do terreno suscitou a interseção entre o edifício e o chão em diferentes andares – como se houvesse mais de um piso térreo. A cobertura acompanha a lógica de escalonamento: os diferentes níveis têm terraços frequentáveis, cada qual com um espaço específico. Portanto, não se trata de um prédio residencial com pavimento tipo. Os corredores encontram o rés do chão em vários pontos, o que, na prática, facilita a acessibilidade aos apartamentos, também realizada por meio de dois elevadores e das rampas no pátio. Os núcleos de moradia alternam-se com recintos de estudo e estar.

A modulação estrutural, com vãos pequenos, permite o uso de peças convencionais moldadas no canteiro, como os pilares e as lajes que prescindem de vigas.

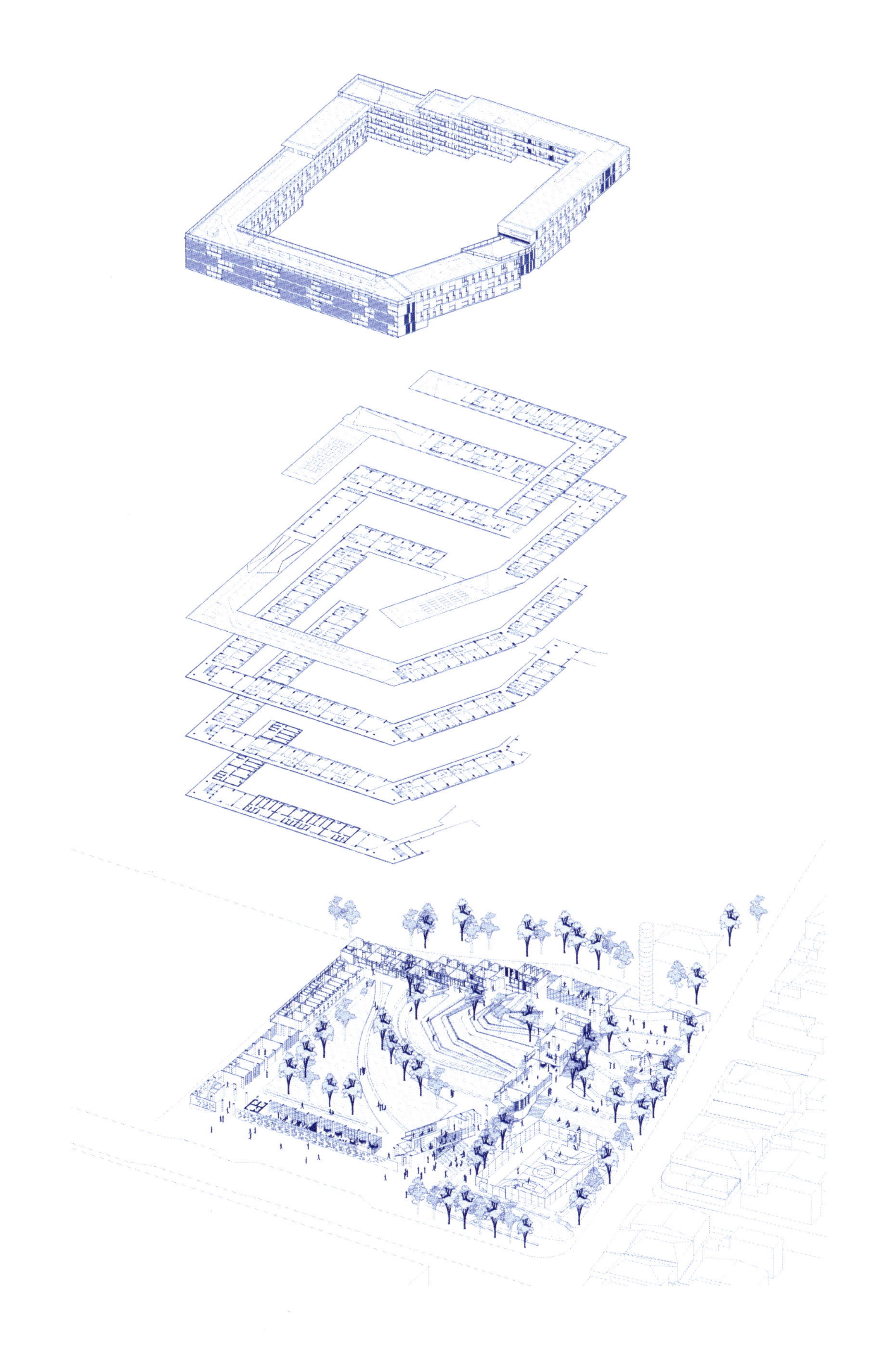

A. Corte praça
B. Corte pátio central

A.

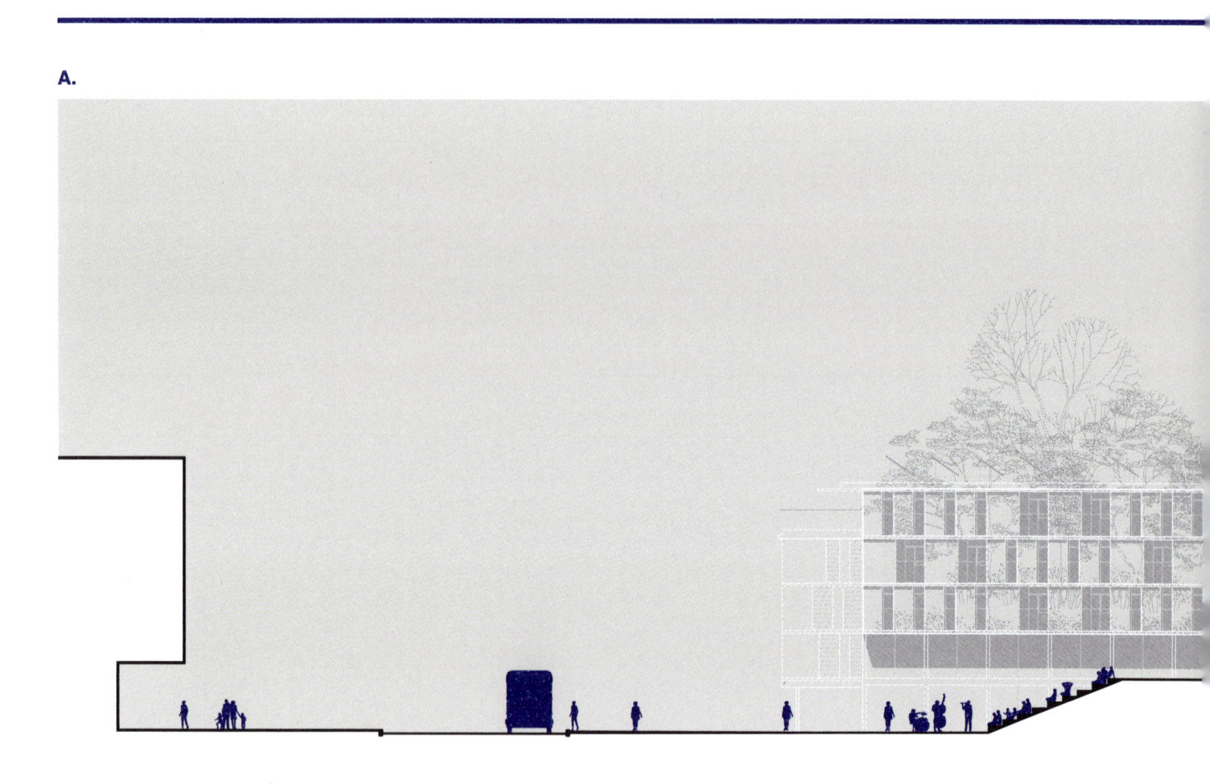

B.

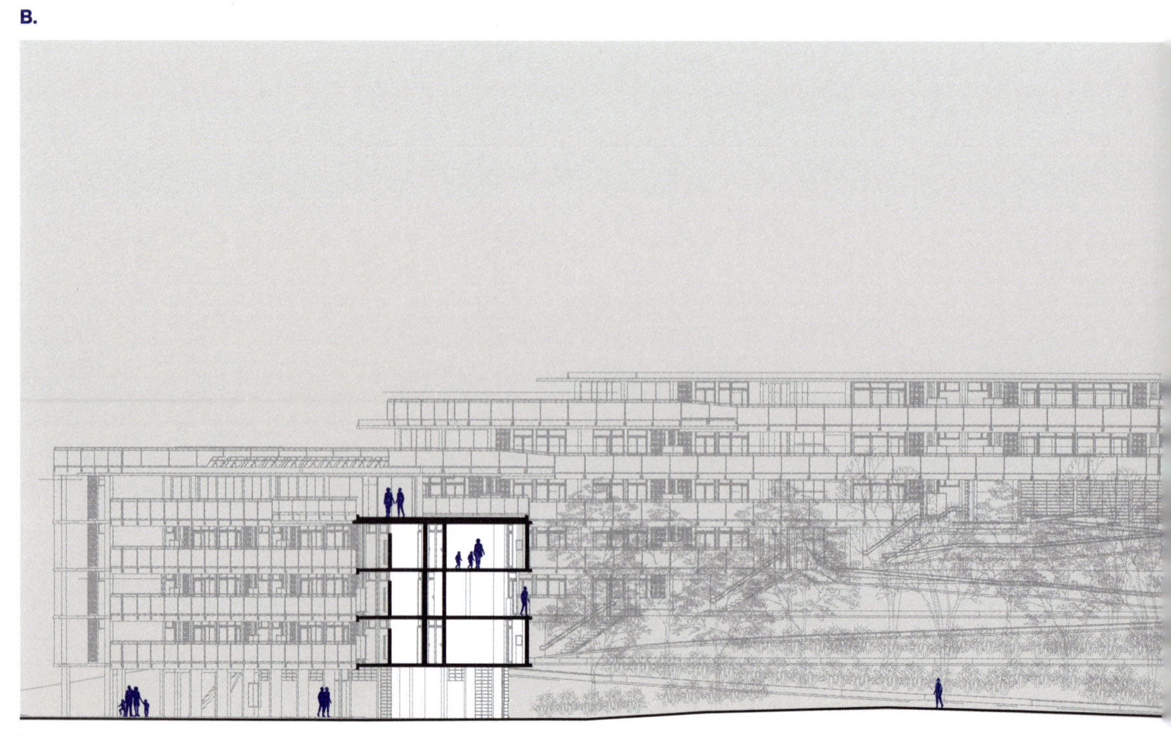

0 5 10m

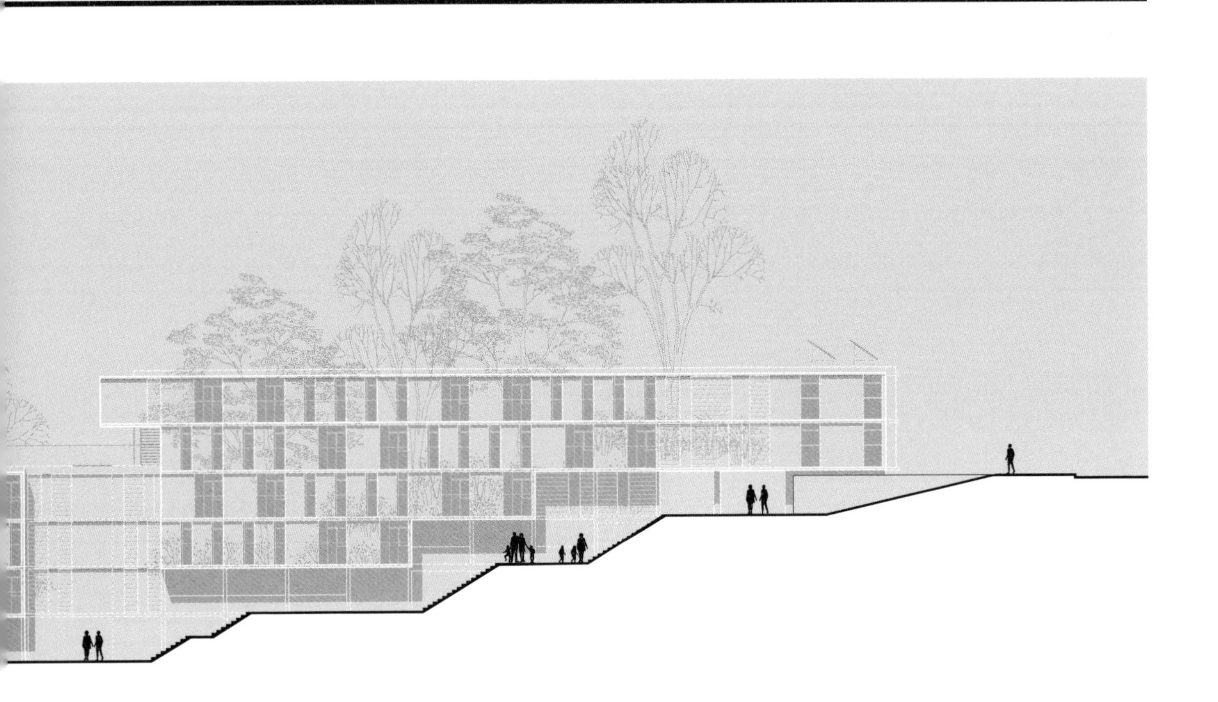

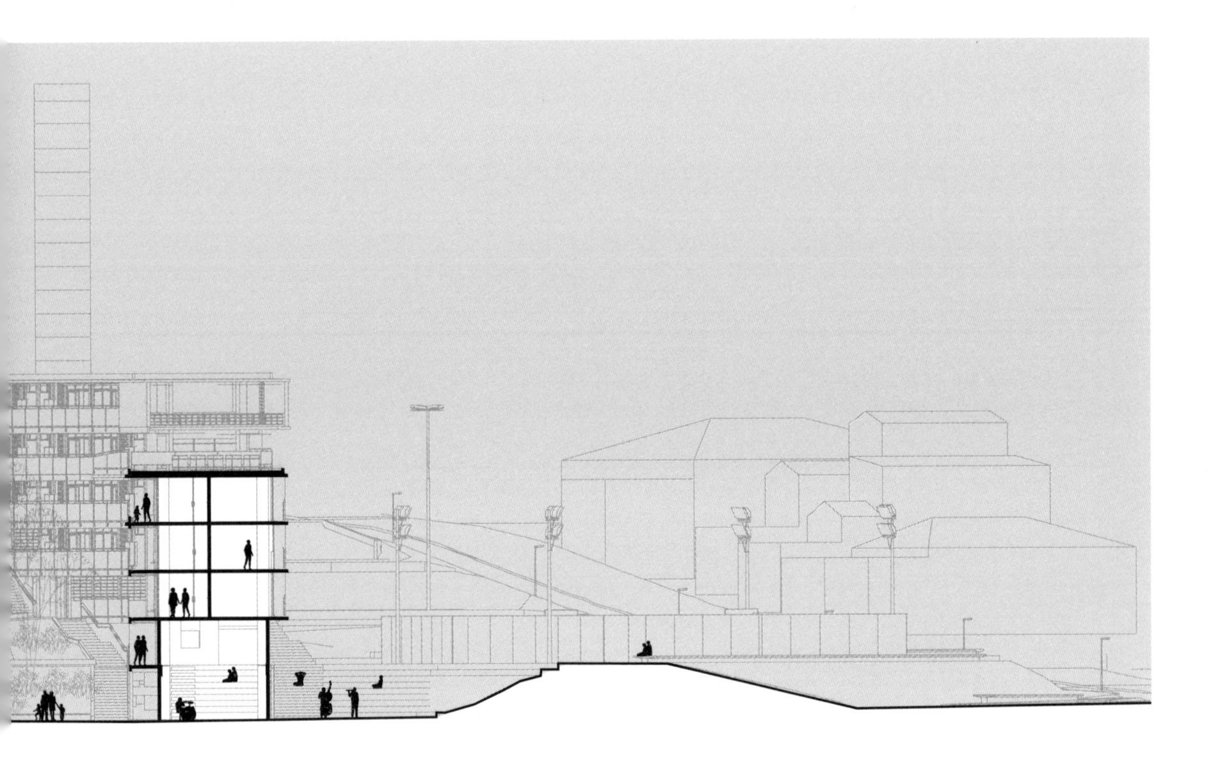

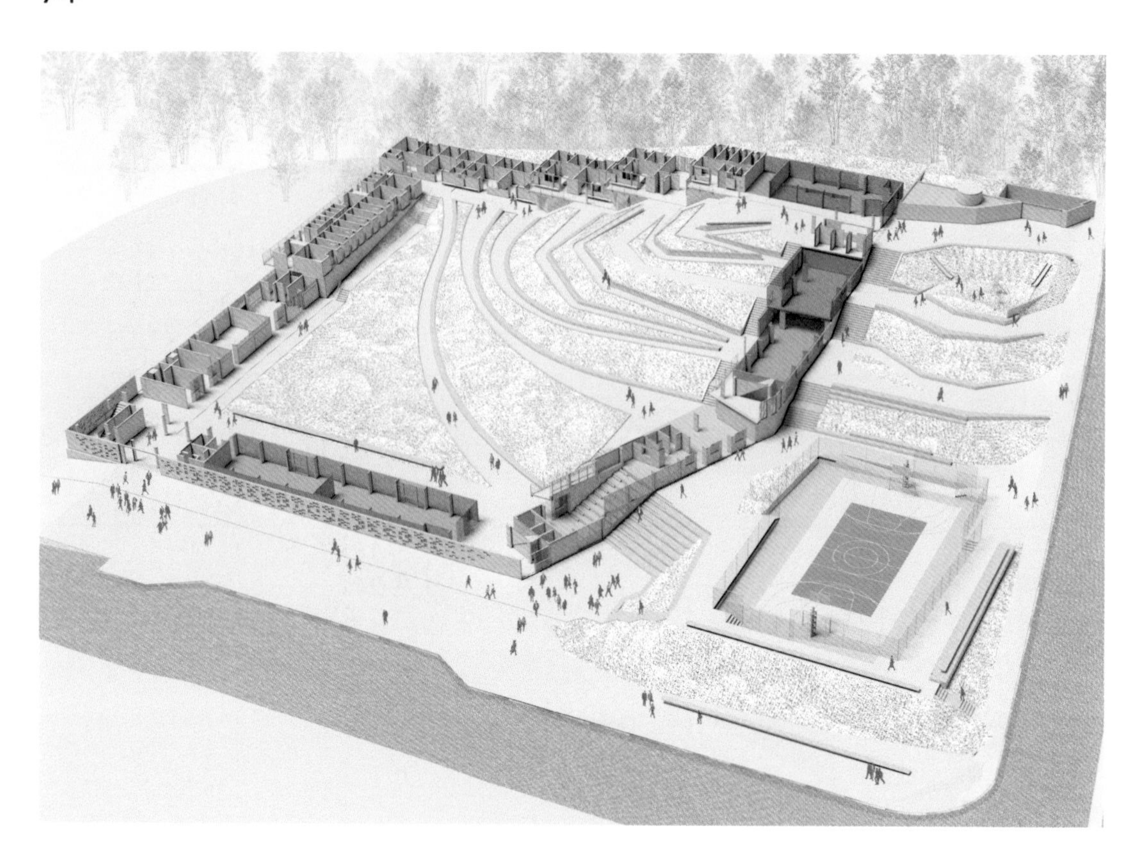

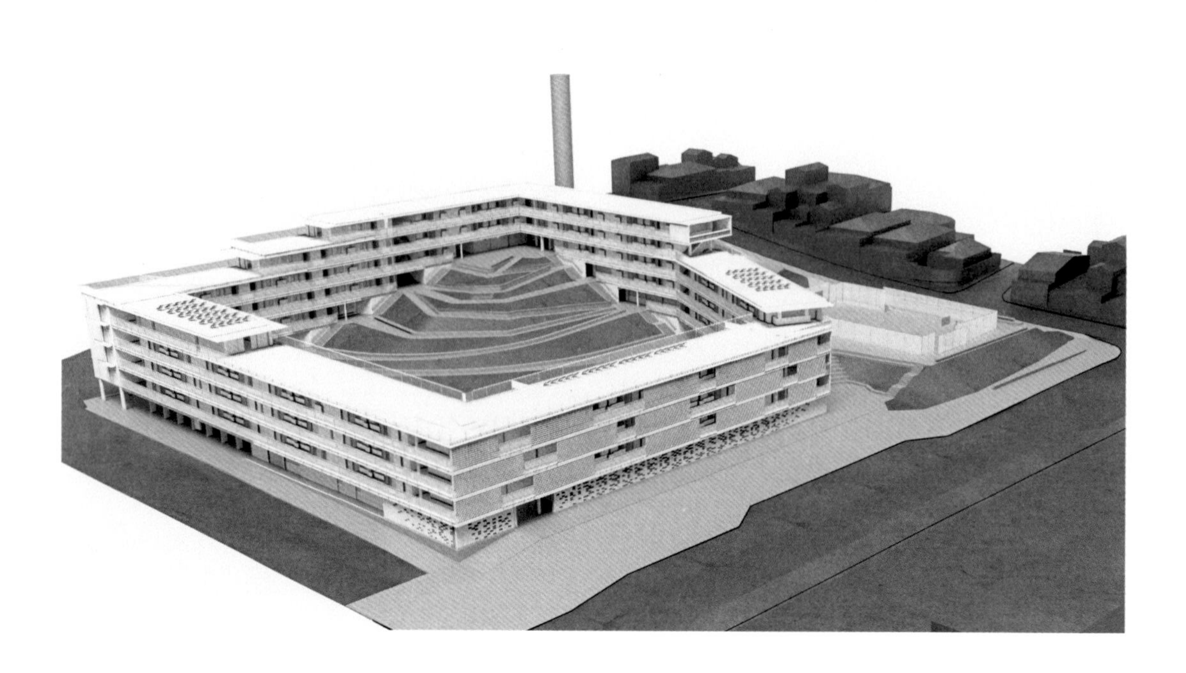

MUSEU DO IPIRANGA

SÃO PAULO, SP, 2017-2022

O Museu do Ipiranga é um monumento criado para perpetuar, em tons laudatórios, a memória sobre as origens da nação. Em estilo eclético, o projeto original de Tommaso Gaudenzio Bezzi foi implantado no topo de uma colina então erma, porém próxima às margens do Ipiranga. Atualmente, a longa fachada de 120 metros de largura destaca-se na paisagem urbana, por trás do parque e como ponto de fuga do longo eixo viário.

Desde a proposta selecionada em concurso, a premissa da intervenção no edifício-monumento era potencializar as virtudes das preexistências. Não se impôs a face do novo, mas se revelou de maneira nova o que já estava lá, tanto no restauro da centenária edificação quanto na imensa, porém discreta, ampliação subterrânea. Sem interferências ou acréscimos ostensivos, rearticularam-se os percursos internos e a experiência nos espaços do edifício histórico. Sobretudo, transformou-se a conexão entre o Museu Paulista e o Parque da Independência.

O rito de ingresso passa a ser mediado pelo salão de acolhimento sob o promontório. É um espaço subterrâneo ao edifício-monumento, mas na mesma cota das fontes d'água, portanto ligado física e visualmente ao parque. Esse embasamento contemporâneo é também composto por bilheteria, auditório, áreas de exposições temporárias, programa educativo e salas de aula. Túneis por entre as fundações originais – agora parcialmente visíveis – encaminham os visitantes até as escadas rolantes, as quais ascendem até o antigo saguão repleto de colunas e com a majestosa escadaria banhada por luz natural.

Para se adequar às demandas atuais de equipamentos e acessibilidade, fez-se um núcleo na porção sul do corpo central do edifício histórico, concentrando uma nova escada (seguindo as normas dos bombeiros), elevadores para público e transporte de acervo, sanitários, prumadas verticais de instalações e áreas técnicas. A nova circulação vertical possibilitou ocupar o antigo vazio por trás das fachadas do coroamento da torre central: lá se desvelam avanços da engenharia do início do século XX, como a estrutura metálica da claraboia central e o arco que vence um grande vão livre; no topo se fez o terraço-mirante, oculto para quem está fora do museu, contudo, para quem está ali, descortina vistas elevadas de São Paulo.

O redesenho do perfil dos telhados sobre as alas laterais originou discretas passagens cobertas, as quais funcionam como galerias de exposição e, principalmente, conectam as torres leste, central e oeste.

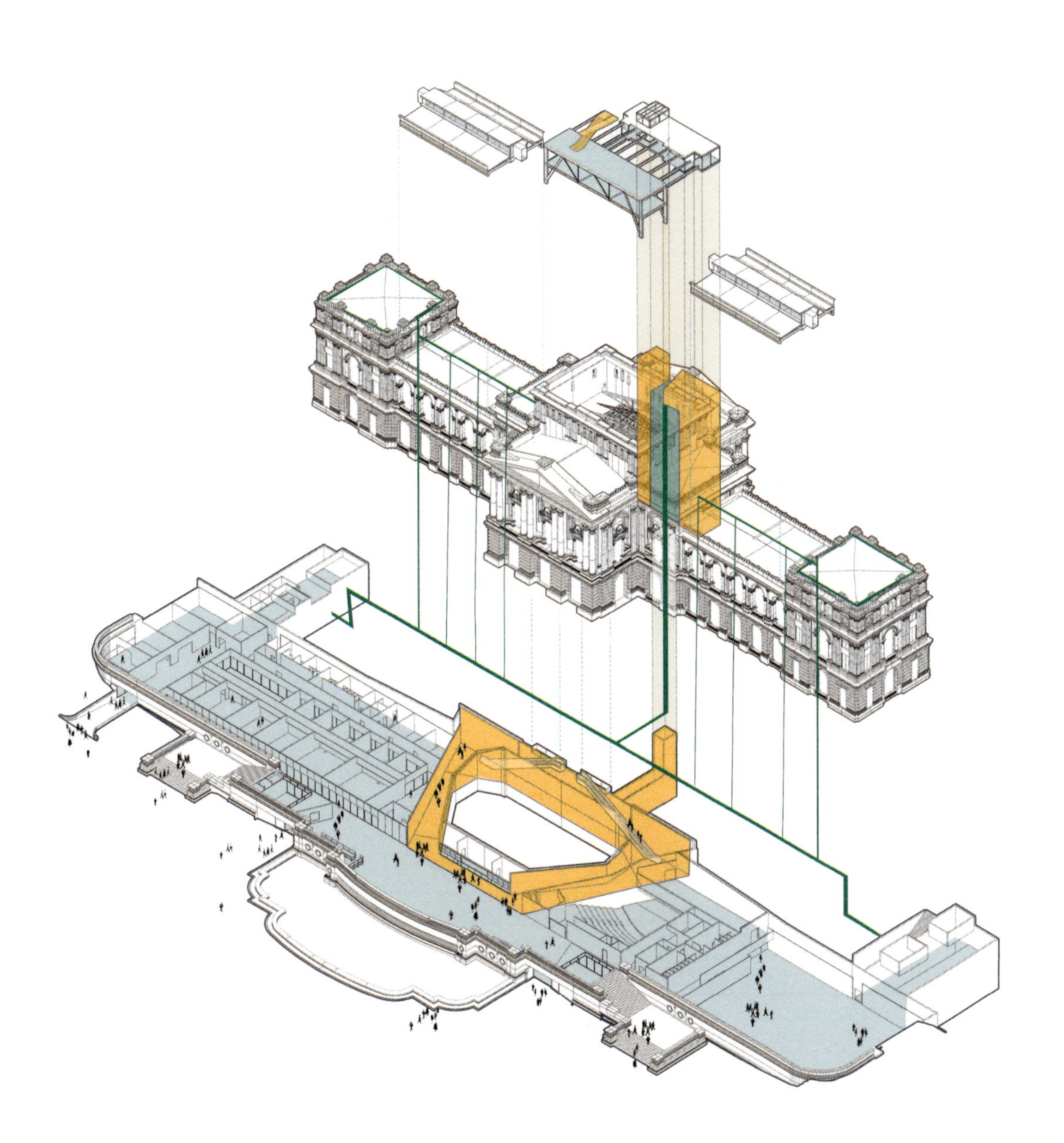

A. Corte longitudinal
B. Planta ampliação
C. Planta térreo
D. Planta 2º pavimento

0 2 10m
1:1000

A.

B.

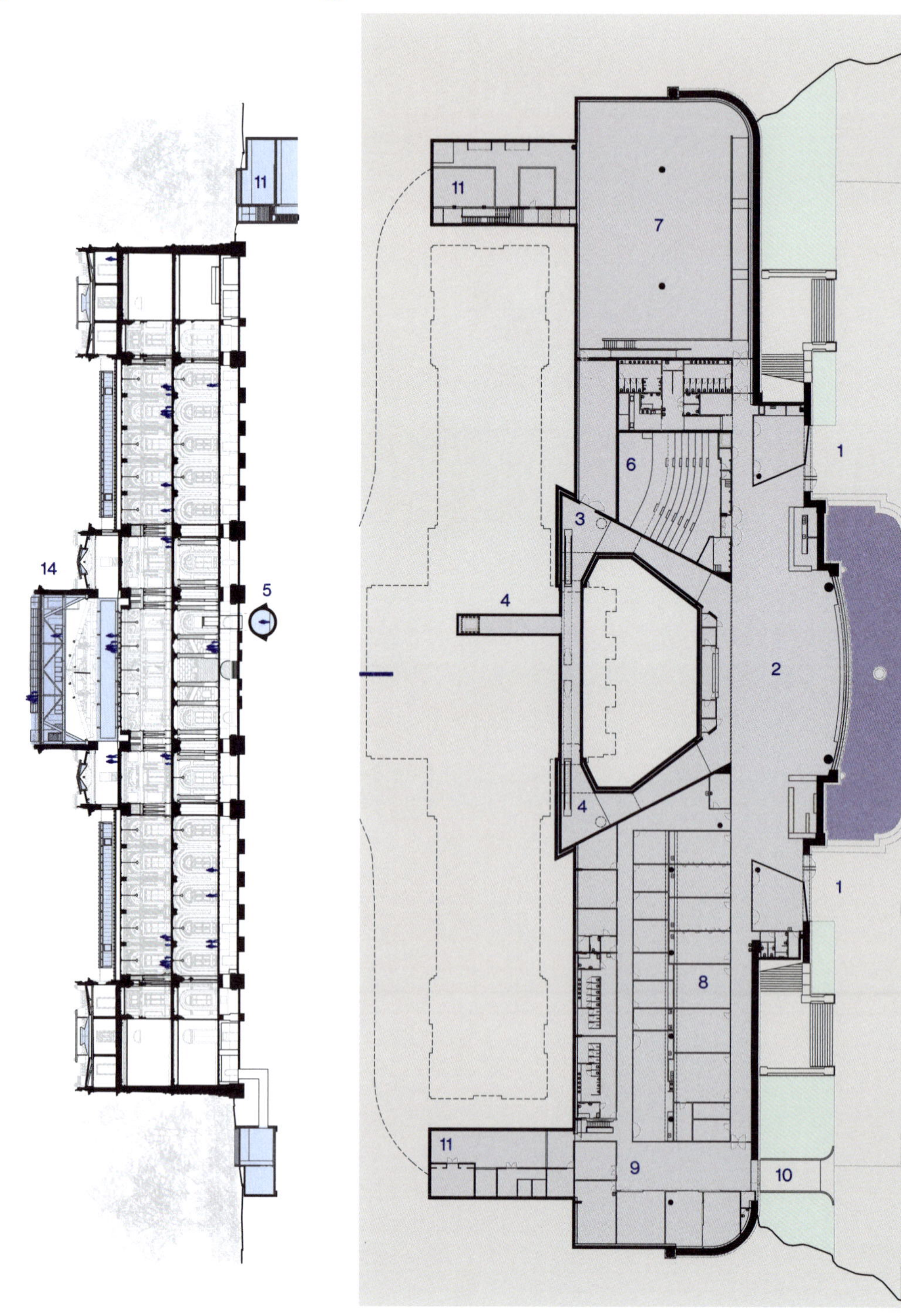

1. Acesso público
2. Acolhimento
3. Galeria de entrada
4. Galeria de saída
5. Túnel elevador
6. Auditório
7. Exposições temporárias
8. Aulas e educativo
9. Administração
10. Acesso serviços
11. Máquinas
12. Saguão acesso
13. Conexão central
14. Mirante

C.

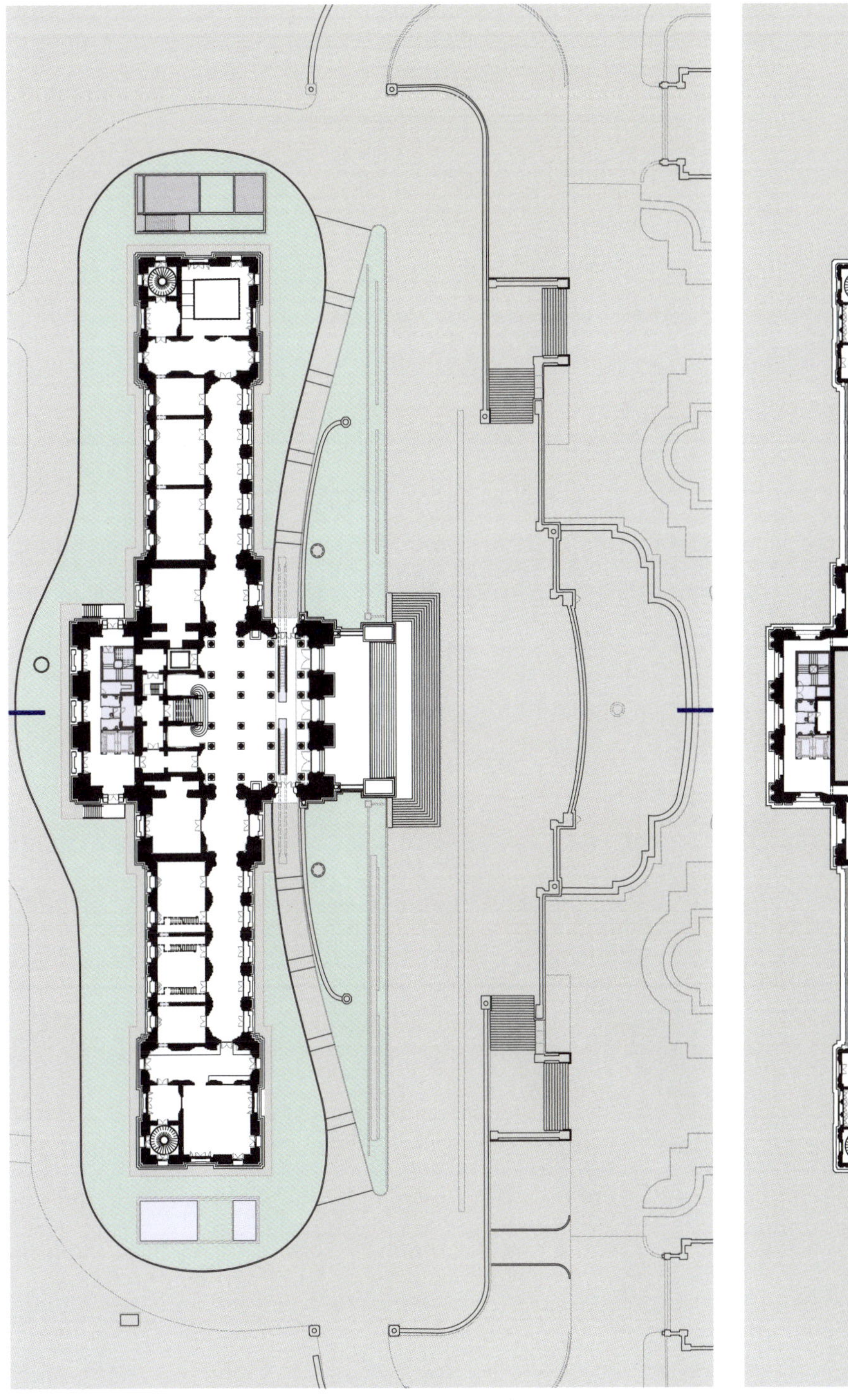

D.

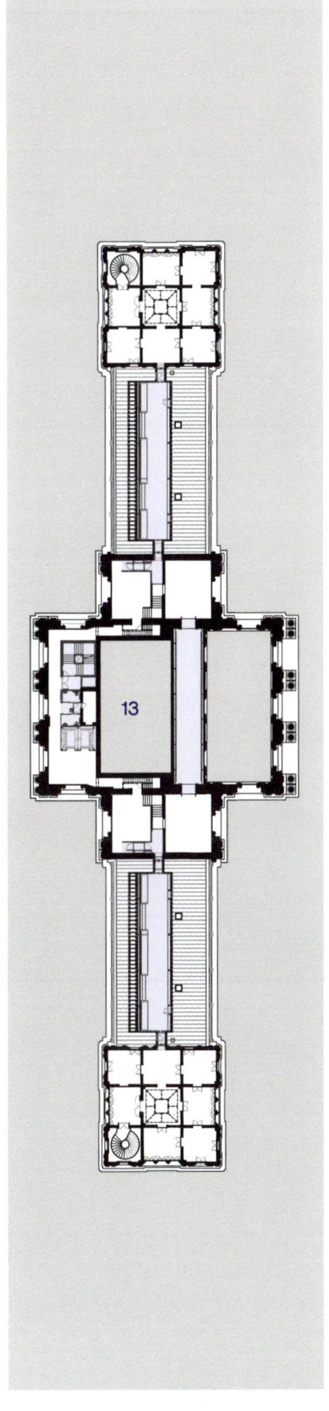

EXPOSIÇÕES
CURTA
DURAÇÃO
AUDITÓRIO

EXPOSIÇÕES
LONGA
DURAÇÃO
LONG-TERM
EXHIBITIONS

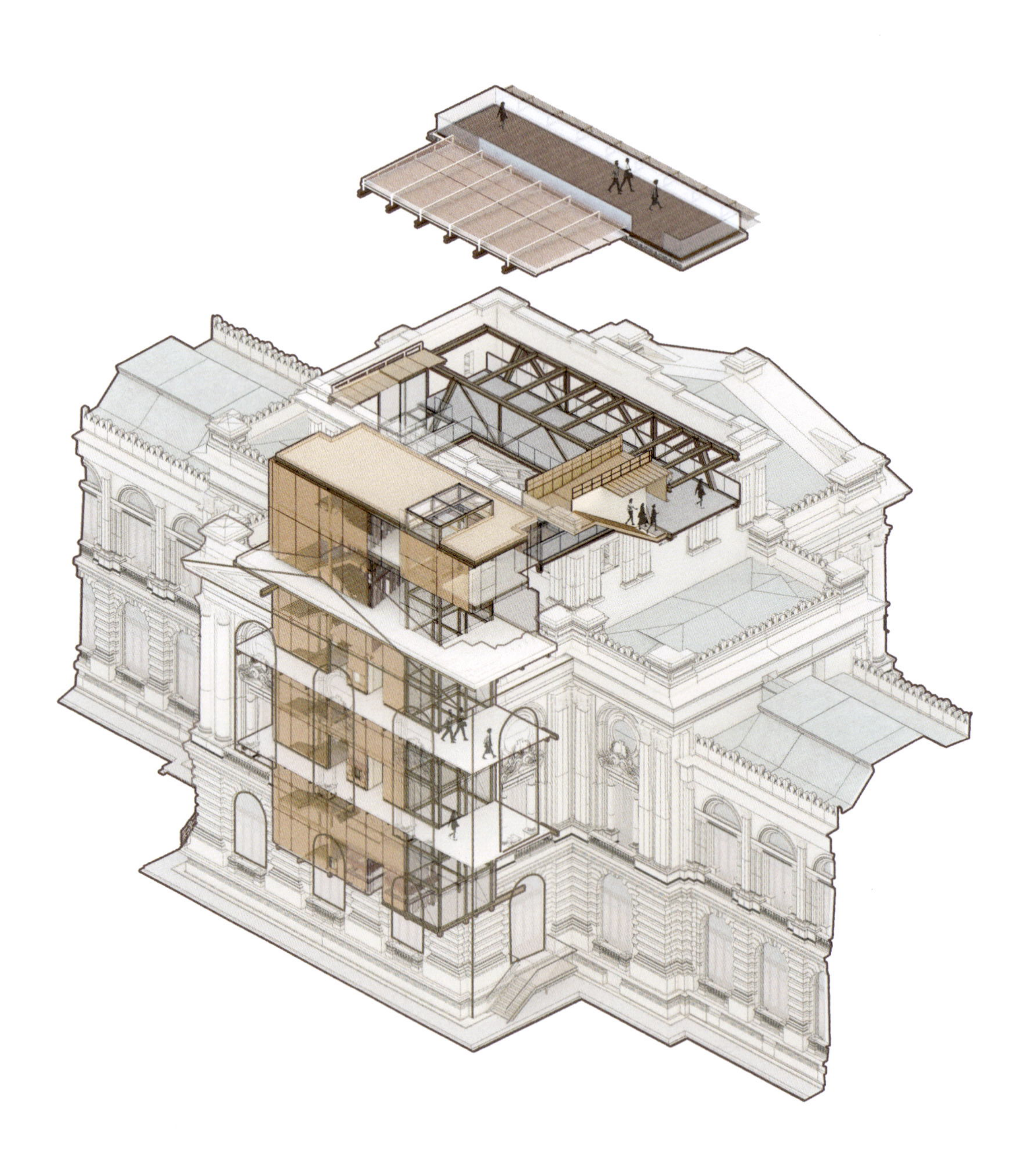

C
B
A
T

E. Corte escada monumental

0 4 10m

E.

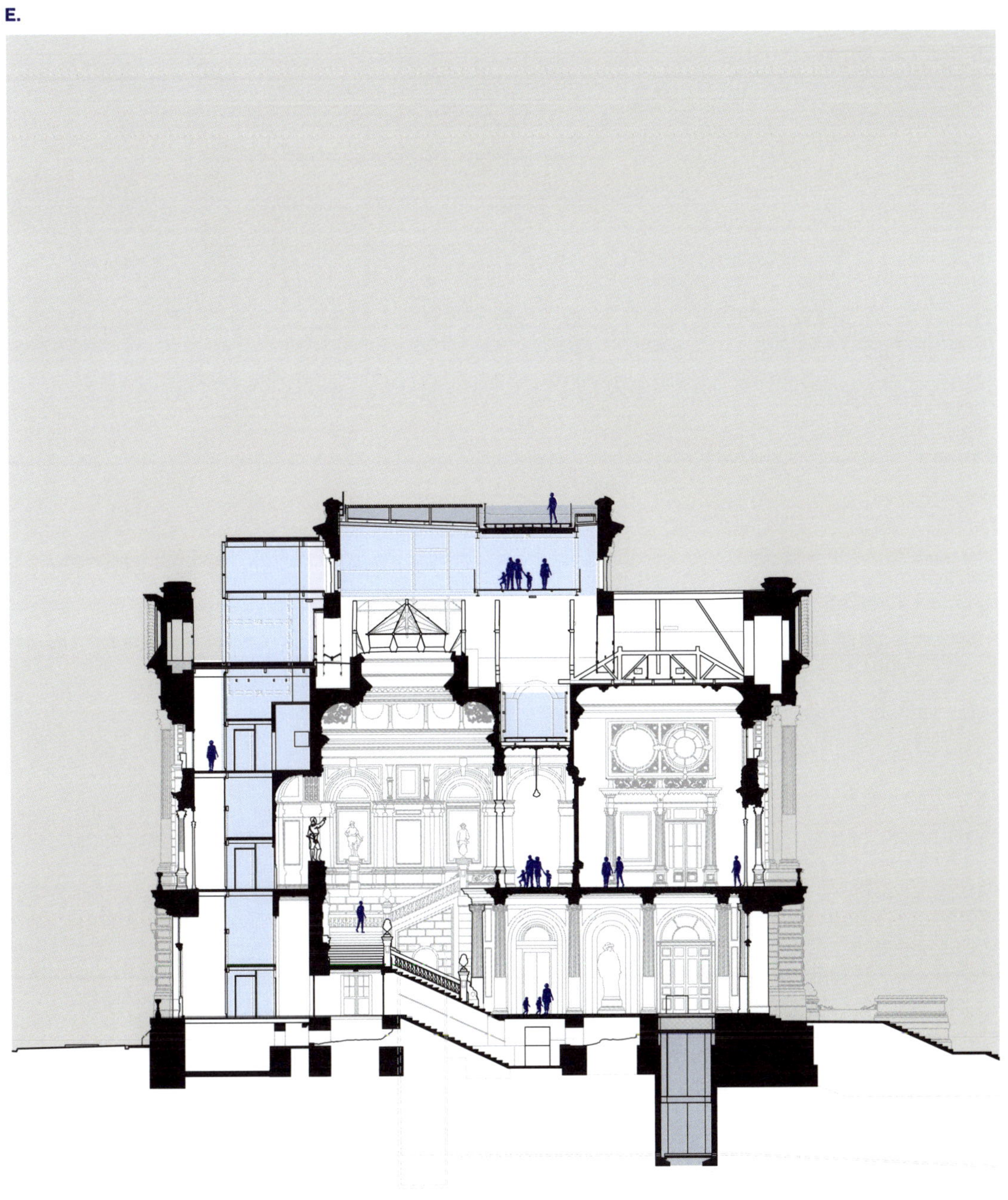

F. Ampliação e conexão entre torres

G. Detalhe da escada

H. Detalhe do reforço estrutural da escada

F.

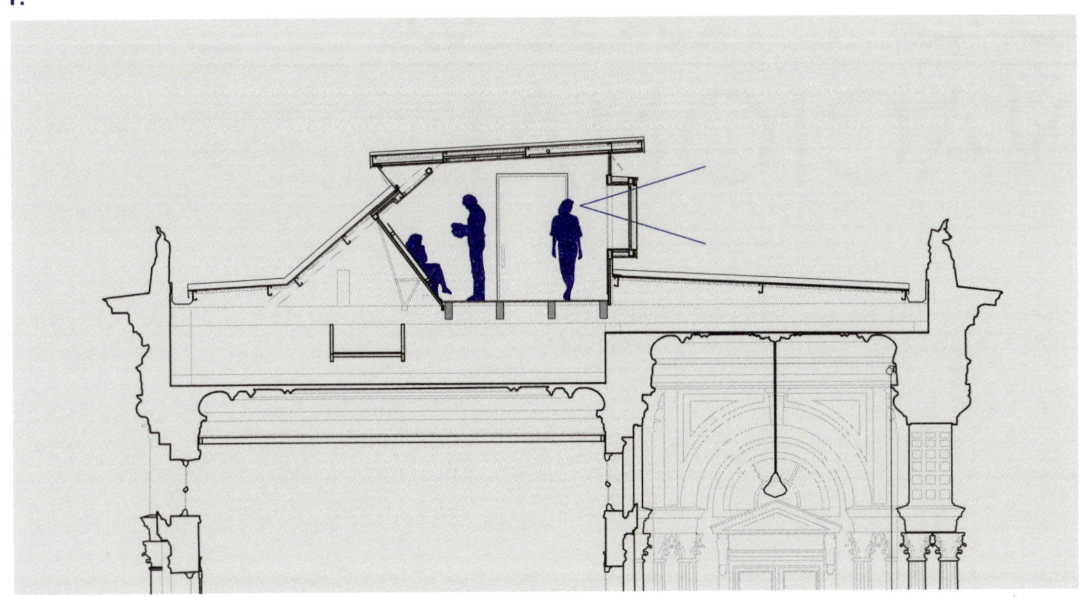

G.

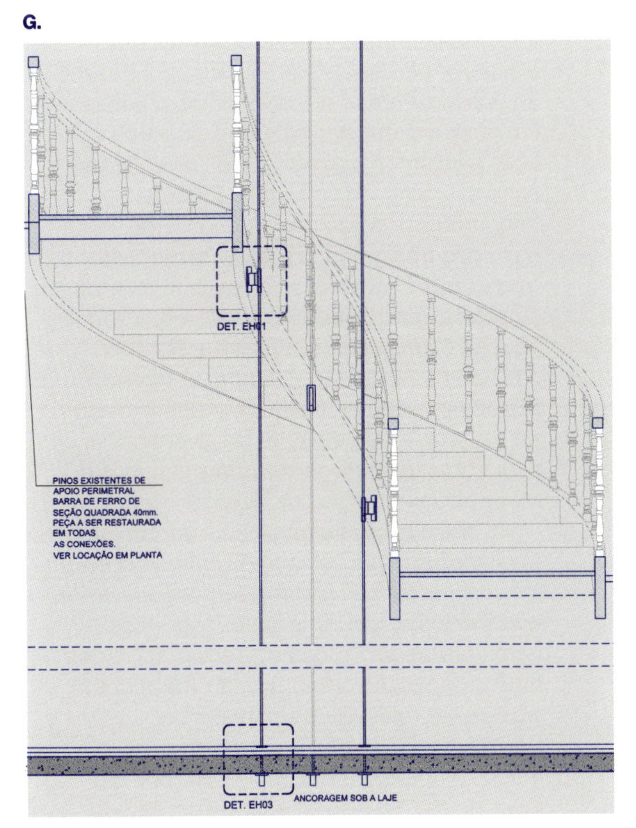

H.

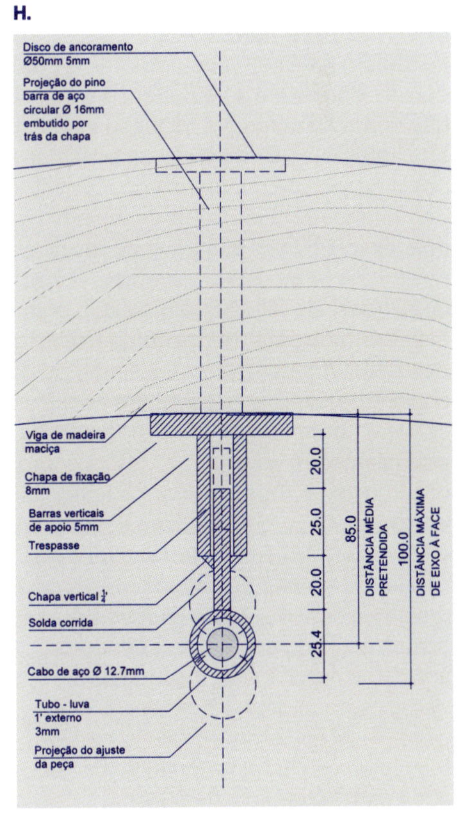

RECONSTRUÇÃO DO MUSEU NACIONAL

RIO DE JANEIRO, RJ, 2020 (EM ANDAMENTO)
COM ATELIÊ DE ARQUITETURA E URBANISMO,
GUARÁ ARQUITETURA E SANDRA BRANCO SOARES

Se é premente o restauro do Paço de São Cristóvão, cabe notar que ele também é composto pelo seu promontório – parte construída entre o solo natural e o palácio, que opera tal como um pedestal a destacar a arquitetura na paisagem. Esse embasamento é ponto de partida da intervenção arquitetônica. Seu trecho norte converte-se em novo anexo que não clama por destaque visual, pois seu desenho é criterioso e comedido. Por meio de rampas, ele reconecta o palácio com o movimentado setor noroeste da Quinta da Boa Vista. A natureza axial e simétrica do conjunto é reforçada: o topo do anexo vira um *parterre* contemporâneo do lado oposto – e equivalente em escala – ao histórico Jardim das Princesas. Tal como este é testemunho do século XIX, o novo jardim será um registro da cultura paisagística deste século XXI.

Isto é exemplar de uma diretriz geral do projeto: a conciliação de múltiplas camadas históricas – não apenas dos períodos imperial e republicano, mas também vestígios anteriores à Independência e aspectos hodiernos, próprios de sua função universitária e científica, somados a marcas da tragédia de 2018.

Tendo em vista a dimensão do museu e sua fragmentação interna, o projeto visa organizar percursos claramente apreensíveis ao público. Para tanto, setoriza-se o palácio em quatro circuitos – histórico, universo e vida, ambientes brasileiros e da diversidade cultural –, além de salas para mostras temporárias e o acolhimento no térreo. Por meio das três grandes portas na fachada frontal, o público acessa o vestíbulo central (antiga Sala do Bendegó) e, em seguida, o saguão da majestosa escadaria. Por trás, a bilheteria ocupa o recinto de pé-direito triplo que surgiu com a queima dos andares no incêndio – no ambiente, as alvenarias seguirão expostas, permitindo a leitura dos métodos construtivos de diferentes épocas.

As chamas destruíram muito, porém também revelaram a espacialidade da antiga capela interna, certos pavimentos centenários antes encobertos e, nas ditas “salas históricas”, camadas da decoração do século XIX. Após uma prospecção criteriosa, tais fragmentos podem ser restaurados, expostos e eventualmente replicados, recompondo alguns ambientes com os ornamentos e o cromatismo ocultos há mais de um século.

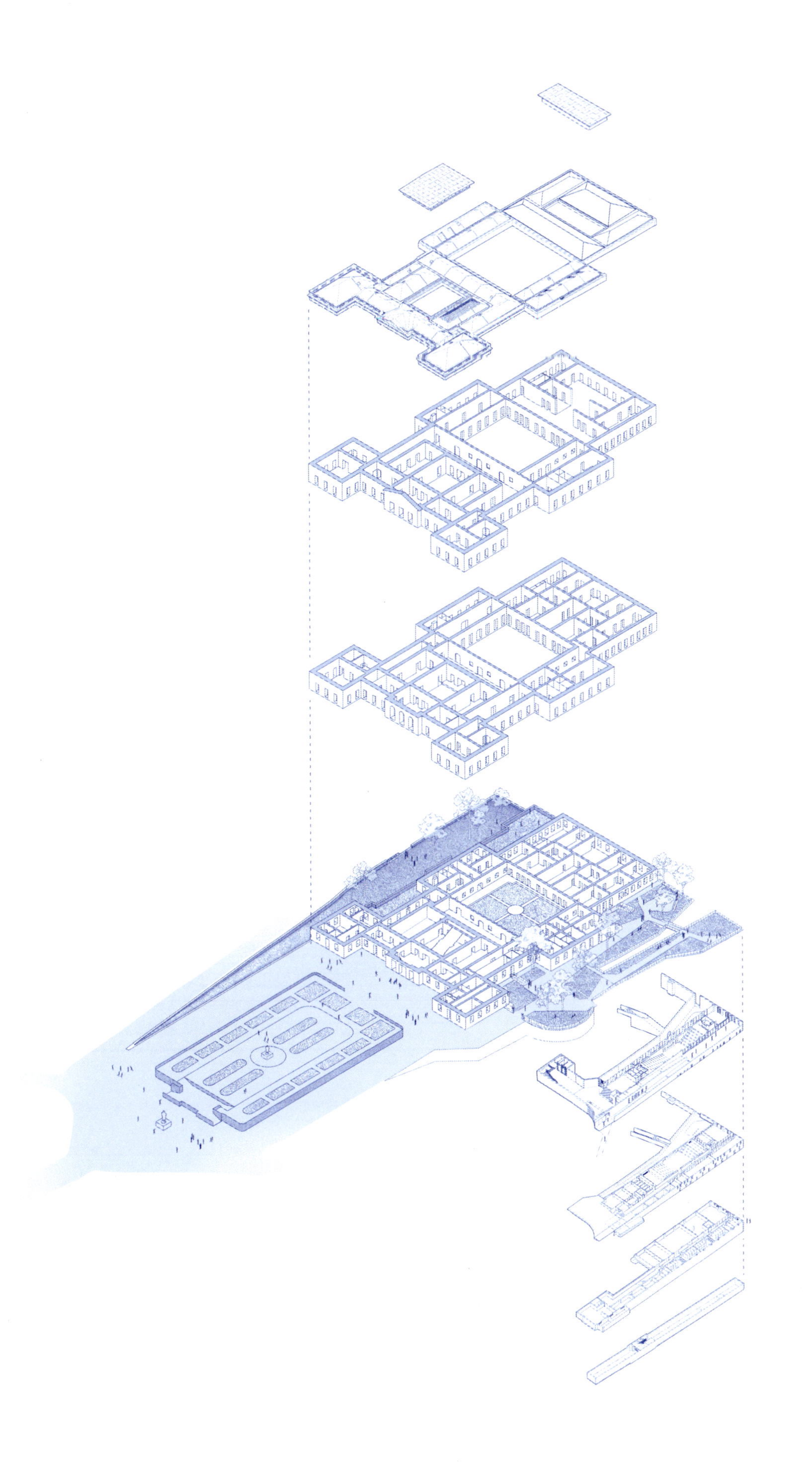

A. Cronologia construtiva

- 1808
- 1810 - 1820
- 1821 - 1850
- 1851 - 1864
- 1865 - 1914
- 1915 - 1960

A.

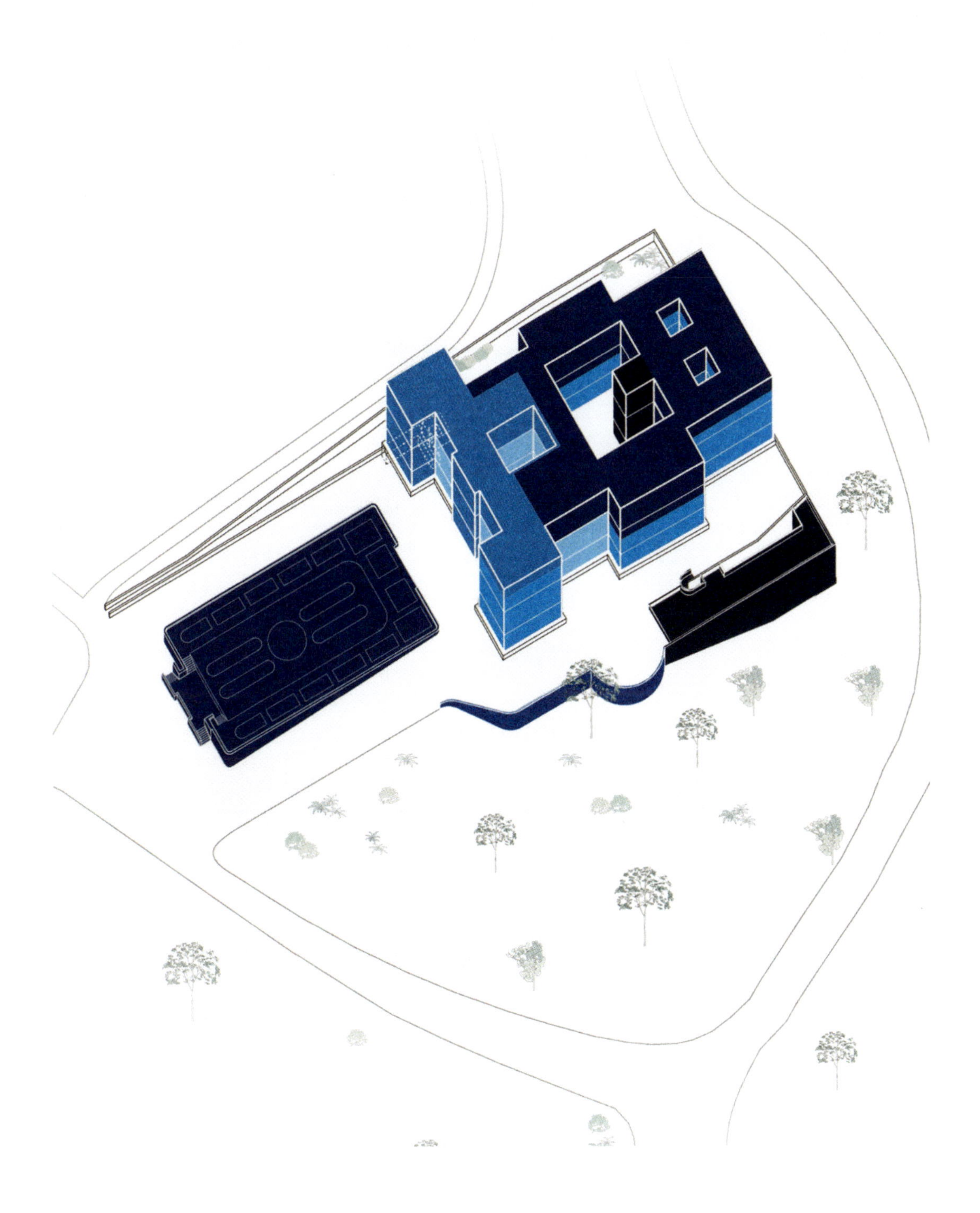

B. **Planta térreo**
C. **Planta 2º pavimento**
D. **Corte longitudinal**
E. **Corte transversal**

0 2 10m
1:1000

B.

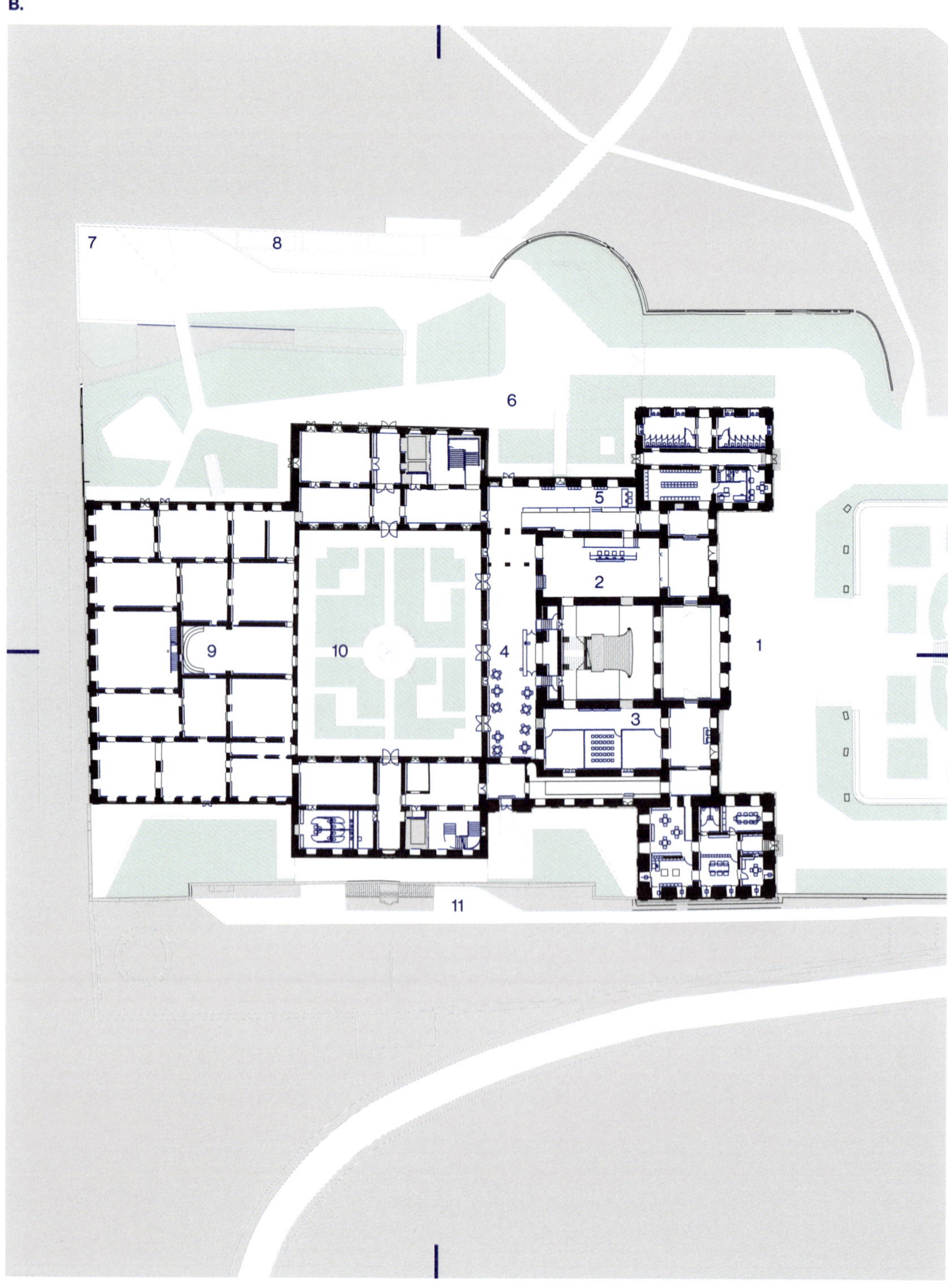

1. Praça de acesso
2. Acolhimento
3. Educativo
4. Café
5. Loja
6. Jardim norte
7. Mirante
8. Rampa de acesso Quinta
9. Antiga capela
10. Pátio chafariz
11. Jardim das Princesas
12. Núcleo de circulação
13. Túnel conexão anexo

C.

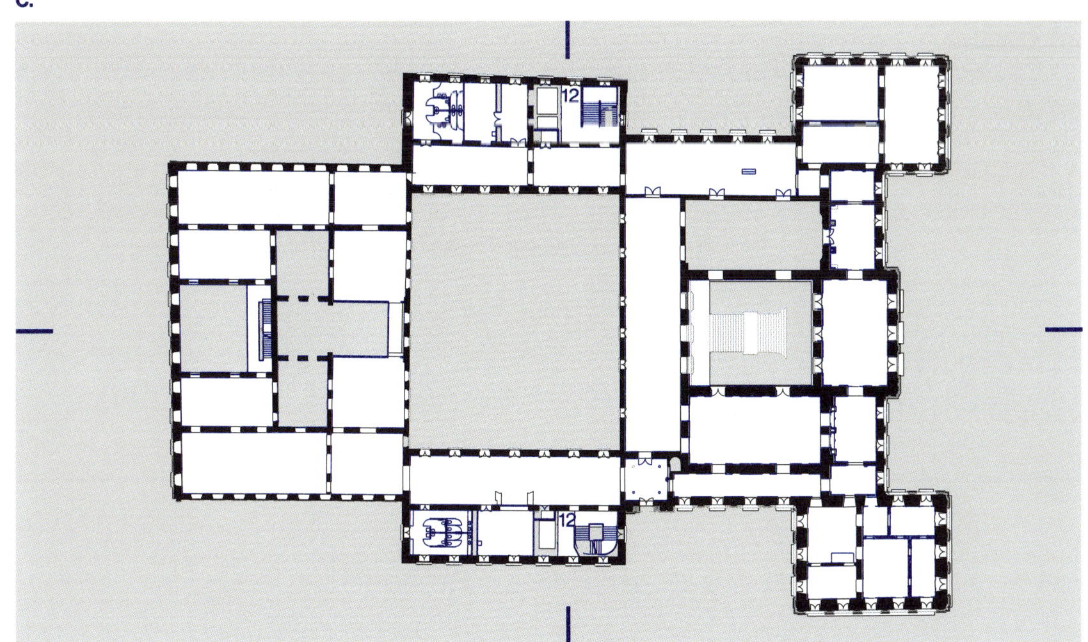

D

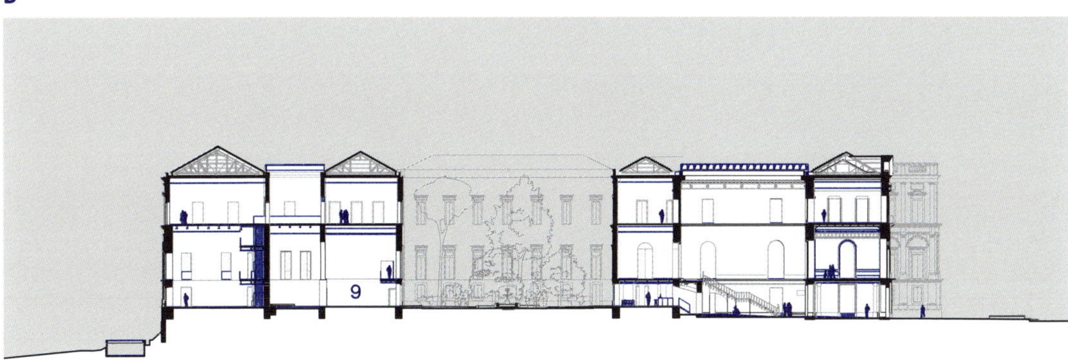

E.

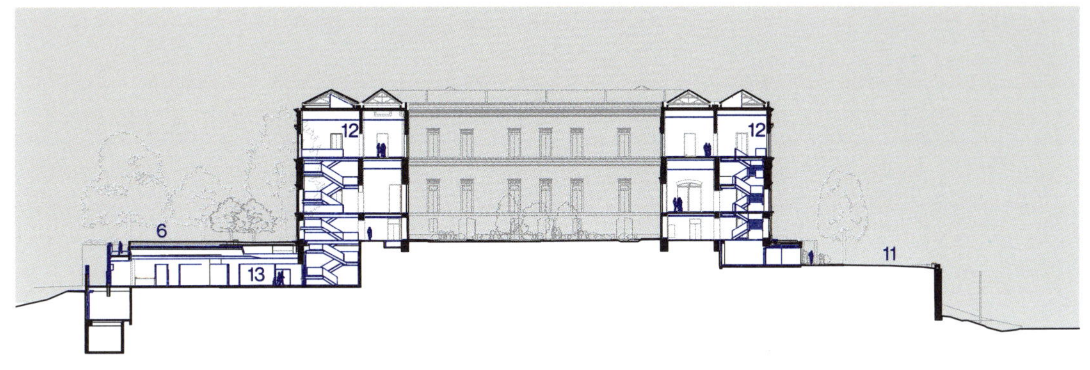

ENTREVISTA

FRANCESCO PERROTTA-BOSCH

Pablo Hereñú é arquiteto e urbanista pela Faculdade de Arquitetura e Urbanismo da Universidade de São Paulo (2001). Defendeu mestrado (2007) e doutorado (2016) na mesma instituição: sua dissertação intitula-se *Sentidos do Anhangabaú*; e sua tese, *Arquitetura da mobilidade e espaço urbano*. É professor de projeto na Escola da Cidade desde 2002. Foi professor visitante na Universidade da Flórida, nos Estados Unidos, em 2007.

Eduardo Ferroni é arquiteto e urbanista pela Faculdade de Arquitetura e Urbanismo da Universidade de São Paulo (2001). Defendeu sua dissertação de mestrado (2008) na mesma instituição, com uma pesquisa sobre Salvador Candia, que deu origem a dois livros: o primeiro publicado pela editora da Escola da Cidade (2013), e o segundo lançado pela editora Monolito (2022). É professor de projeto na Escola da Cidade desde 2002.

FPB Os projetos de implantação dos CEUs Inácio Monteiro, São Mateus e São Rafael, na zona leste de São Paulo, foram alguns dos primeiros contratos assinados pelo H+F Arquitetos. Que lições vocês tiraram da participação nessa experiência arquitetônica coletiva empreendida pela prefeitura de São Paulo sob a batuta do Alexandre Delijaicov?

EF Diante de uma demanda de grande escala, é preciso reconhecer a inteligência de reunir vários programas num conjunto único: a sinergia entre pequenos equipamentos foi capaz de trazer uma vitalidade urbana para os lugares. É uma visão de arquitetura na qual o projeto abarca programas heterogêneos e complexos com um gesto forte – o que é próprio do pensamento do Alexandre Delijaicov. Porém, ao longo do tempo, percebemos que isso entrava em conflito com as circunstâncias dos bairros. O CEU foi concebido como um edifício proveniente da composição de grandes elementos, o que se demonstrou muito inflexível para se relacionar nos contextos em que as edificações escolares estavam sendo implantadas; por exemplo, na topografia dos terrenos ou nos acessos e na vida urbana preexistente de cada rua.

PH O partido de projeto do CEU pressupunha uma horizontalidade física do terreno que não existia em quase nenhum dos 21 construídos na primeira leva – isto é, no governo municipal de Marta Suplicy. Demandava-se, portanto, grandes movimentações de terra. Em alguns casos, surgia uma contenção de três a quatro metros de altura ao longo de uma rua inteira com trezentos metros de extensão – isto é, um grande muro sem nenhum diálogo com o entorno. Isso era consequência de uma característica do projeto arquitetônico.

EF O projeto do CEU pressupõe um térreo que reúne programas públicos e plenos de interesse, porém com demandas discordantes: por exemplo, o chão para a piscina é o mesmo chão da creche e da entrada do prédio, como se não houvesse transição entre as diferentes áreas. Depois, no projeto de implantação, forçosamente trilhavam-se gradis para separar esses programas. Assim, o que seria uma espécie de pilotis visualmente aberto passava a ser uma coleção de grades, muros e alambrados. Isto era uma contradição própria do partido do projeto.

PH Por outro lado, para nós, recém-formados, a experiência com uma obra desse porte foi incrível: viam-se tubulões, assentamento de pilares, instalação de estruturas pré-fabricadas; isto é, a dinâmica de construtora de obra grande. Se fôssemos discutir cada um dos CEUs construídos naquele período, não seriam feitos 21 projetos nos cinco meses tal como se sucedeu. Não é para achar culpado. O processo foi assim: todo mundo fez o melhor que pôde, mas temos que olhar para trás, analisar o que aconteceu e saber criticar. A autocrítica é importante para melhorar nos próximos projetos.

FPB De que modo essas questões e críticas oriundas dos projetos de implantação dos CEUs permaneceram pertinentes e demandaram outras soluções projetuais nos seus trabalhos para a FDE?

PH A revisão do programa de pré-moldados da FDE é totalmente resultante do CEU. A FDE já tinha o catálogo de detalhes oriundo de uma experiência dos anos 1960 e que foi ampliado ao longo das décadas. No entanto, as escolas estaduais eram pessimamente construídas devido a distorções da lei nº 8.666, na qual licitações decididas pelo menor preço não garantem a qualidade da obra. A FDE apropriou-se das virtudes da pré-fabricação no projeto do CEU do Delijaicov e adicionou outra: a flexibilidade. Diferente dos CEUs municipais extremamente rígidos, a FDE estabeleceu um sistema manipulável que não tinha como proposta a repetição de um edifício icônico para marcar uma gestão política.

EF O CEU foi uma experiência extraordinária do governo Marta Suplicy, na época no PT, que mudou a forma como o governo estadual, então governado pelo PSDB, estruturava sua política de construção de escolas. Esse tipo de estrutura pré-moldada de linha comercial era mais comumente usado em galpões industriais. Na Casa Gerassi projetado pelo Paulo Mendes da Rocha nos anos 90, ele foi usado de uma forma provocativa, porque o sistema, pela escala de mobilização das peças, não se aplicaria à construção de uma só casa. Mas acho que esse foi um precedente importante no caso dos CEUs. Aí ocorre a contaminação virtuosa: a FDE fazia escolas muito mal construídas, porque as construtoras tinham escala, mas não havia o controle tecnológico proporcionado pelas pré-moldadeiras. É isso que a coordenação da FDE apropriou.

PH O questionamento feito sobre o desenho do térreo dos CEUs nos levou a discutir as relações entre os nossos projetos para FDE com seus respectivos entornos. Por exemplo, nas escolas União Vilanova III e IV, tornamos o acesso numa pequena praça. Consequentemente, ambulantes começaram a vender coisinhas no local; em seguida, as casas em frente à escola foram convertendo suas garagens em lojinhas e, hoje em dia, é uma rua comercial. Aquela pracinha em frente à escola criou uma condição mais favorável ao surgimento de lojas do que seria com um longo muro e um pequeno portão para uma suposta proteção da escola. Muitas escolas se fecham para o seu entorno, reproduzindo a privatização do espaço, ideias de defesa e exclusão por meio das grades tão comuns na cidade de São Paulo. Durante o projeto da União Vilanova III e IV, nós insistimos muito que, dentro das possibilidades de funcionamento, a escola precisava se abrir para o bairro. Precisamos de muitas reuniões para convencer a coordenadoria da FDE que o cercamento não precisava estar no limite do lote e a pracinha podia estar fora da área interna e controlada. Deu muito trabalho e, no fim, é um dos aspectos mais importantes do projeto, porque fez toda a diferença no modo como as pessoas percebem e relacionam-se com aquela arquitetura.

EF Na escola Nova Cumbica, nós invertemos a fachada na qual estaria o portão de entrada do colégio: de um lado, há a rua de uma área industrial onde *a priori* ficaria o acesso; do outro lado, há a margem de um córrego (poluído, mas sem odor e canalizado) que separa a escola da comunidade onde mora boa parte dos alunos. Até para reforçar a identificação da escola com a sua vizinhança, fazia mais sentido a entrada estar voltada para o riacho e a área das casas dos estudantes. No entanto seria necessária uma obra de urbanização de um trecho daquelas margens do córrego. E não havia previsão orçamentária para isso na licitação da FDE.

PH Nós tentamos negociar com a prefeitura de Guarulhos, até porque a área em questão era um logradouro público fora do lote da escola. Não teve diálogo. Mas não tínhamos como deixar simplesmente como estava.

EF Negociamos na obra mesmo. Conversamos com o fiscal e a construtora; deixou-se de fazer alguns serviços dentro da escola e fez-se uma permuta para ter verba para uma pequena melhoria urbana.

PH A melhoria é um longo banco com algo entre trinta e quarenta metros de extensão para as crianças não caírem. A princípio é uma obra totalmente irregular, porque foi feita pela construtora fora do lote.

EF A melhoria do banco nas margens do córrego foi negociada em canteiro, como se ninguém dos gabinetes governamentais ficasse sabendo. Não tem nada de mais ali, mas é o tipo de coisa que acontece durante a obra. Nos gabinetes institucionais, esse desenho não seria aprovado. Como tudo é muito institucionalizado nas aprovações de projeto de uma escola pública, decisões de obra podem viabilizar melhorias muito importantes para o bairro onde o equipamento é implantado.

FPB Isso quer dizer que vocês questionam a preponderância do projeto executivo? Em outros termos, a discussão é se o desenho produzido no escritório deve ser seguido *ipsis litteris* no canteiro de obras.

EF Há a crítica feita pelo Sérgio Ferro a respeito da visão de que a responsabilidade pelas tomadas de decisão está toda contida no papel, e o bom projeto executivo seria aquele que tudo resolve de ponta a ponta. Há também um questionamento à ideia do detalhamento total, isto é, do fetiche do controle absoluto sobre todas as decisões e a relação do todo com as partes. Essas duas questões estão consolidadas na historiografia brasileira. A ideia do detalhe total esteve muito presente na nossa formação e na prática de arquitetos com os quais a gente trabalhou. Contudo, nossa experiência de trabalhar com obra, antes até de nos formarmos, fez com que nos déssemos conta de que muitas das soluções de canteiro de obras eram melhores do que imaginávamos. Mesmo detalhes provenientes de outra experiência, que pareciam perfeitos e prontos, quando íamos aplicar no canteiro, percebíamos que era possível encontrar ali soluções melhores. Não quero fazer demagogia de afirmar que o mestre de obras (ou mesmo o engenheiro) sempre sabe mais, pois o que defendo é o espírito de cooperação.

PH Por vezes, não estamos falando da solução idealmente melhor, mas é o detalhamento exequível tendo em vista um conjunto de circunstâncias como prazo, orçamento ou condição do cliente. E tudo bem esse detalhe aparecer no canteiro de obras, pois não fará tanta diferença na vivência do espaço. Eu acho que precisamos ter um pouco dessa flexibilidade.

EF O Pedro Fiori Arantes, no livro *Arquitetura nova*, fundamentado na *História social do jazz* do Eric Hobsbawm, faz uma comparação entre o jazz e o canteiro de obras. Tanto no estilo musical quanto na construção, há uma ideia de improviso que requer a interlocução entre todas as partes a fim de caminhar em uma direção um tanto consensual. Não é um improviso individual, pois toda a equipe muda de direção. Não dá para fazer jazz com um cara que não está no ritmo: o jazz pressupõe músicos inteirados. Nas escolas da FDE foi onde começamos a experimentar isso e, com o passar dos anos, passamos a ter mais prazer com isso. No começo era algo muito conflituoso por não saber se resultaria em soluções melhores de projeto, porém, com o tempo, fomos nos dando conta que o espaço do canteiro pode ser um lugar onde a relação entre construção e ideação seja mais prazerosa. No canteiro, há um grau de tomada de decisão e de invenção.

PH Em alguma medida carregamos uma imagem que o ápice da arquitetura ocorre quando o arquiteto entrega o projeto executivo, só visita a construção no dia da inauguração e a vê exatamente como projetado. Porém a vivência é completamente diferente. Percebemos como é legal estar no canteiro. Não quero resolver todos os detalhamentos no meu cantinho e depois ficar achando problema na execução da obra.

EF No Brasil, às vezes, as condições para fazer a obra são muito precárias do ponto de vista do quadro social do bairro, da condição de trabalho dos funcionários da escola. Com o tempo, ficamos calejados para propor um relacionamento com as partes envolvidas: é quase uma estratégia de sobrevivência para fazer a arquitetura vingar. Por isso, nós gostamos de trabalhar com obra pública. Frequentemente são obras emergenciais que precisam ser feitas e têm a participação de gente muito comprometida. É um estado-limite de coisas que não dá muita abertura para uma decisão leviana ou um gesto arquitetônico bobo. Eu, pessoalmente, acho que há nisso um tensionamento muito bom para a prática da arquitetura.

FPB Quais aspectos dos seus mestrados e doutorados acabaram informando o cotidiano do escritório? Quais discussões que vocês participam na academia acabaram resvalando nos projetos do H+F?

PH A vida acadêmica também se amplia à nossa atividade docente. Demos a sorte de participar das reuniões do grupo que fundou a Escola da Cidade quando estávamos nos formando e, em 2002, começamos a trabalhar como professores assistentes. É muito importante ter essa vida dupla: dar aula e ter contato com novidades e com o que pensam outras gerações traz questões para a nossa prática, ao mesmo tempo que ter o escritório ativo ajuda muito para dialogar com os alunos – um lado alimenta o outro constantemente. Meu mestrado é sobre o Anhangabaú, mas a pesquisa inicial era sobre a praça da Sé, a praça Roosevelt e o vale do Anhangabaú: três grandes projetos urbanos em São Paulo, com muitos arquitetos envolvidos, porém desastrosos no sentido do tipo de cidade que eles produziram. O doutorado segue um pouco as mesmas questões, porém as ampliando: estudei os sistemas de mobilidade como organizadores das espacialidades urbanas. Fora o caso do plano do Parque Dom Pedro capitaneado pela Regina Meyer, que, do ponto de vista prático, algumas das discussões foram efetivamente aplicadas, as pesquisas acadêmicas não tiveram uma relação direta com a prática, mas mantiveram a cabeça ativa e curiosa, o que é fundamental na nossa profissão. Tudo o que não queremos é nos acomodar e ficar se repetindo.

EF No mestrado e no doutorado do Pablo, há uma tentativa de identificar a distância entre as intencionalidades dos arquitetos que projetaram aquelas obras e a resposta que a realidade deu para aquilo. É uma pesquisa de crítica ao descolamento entre a fantasia do arquiteto e a vivacidade da cidade.
Eu fui estudar obras do Salvador Candia no mestrado. Um tanto incentivado pela fala do Paulo Mendes da Rocha para prestar atenção em obras do Candia que não chamavam atenção, nem eram publicadas, mas tinham qualidade. Nos projetos do Candia, eu vi uma intenção muito clara de estabelecer uma relação urbana entre a obra de arquitetura e o que estava acontecendo em volta, embora ele não declarasse isso nos seus textos e em entrevistas. O Candia não valorizava esse aspecto de sua obra: ele falava mais sobre a expressão plástica dos elementos construtivos, dos módulos, das fachadas. Mas estas decisões verbalizadas tinham um desdobramento positivo para a cidade: os edifícios no Jardim Ana Rosa permanecem sem grades para as calçadas até hoje, pois o Candia concebeu uma forma muito bem-sucedida de mediar a esfera controlada e a esfera pública. Resolve isso sem recorrer a outros programas (como comércio de rua) para fazer uma frente urbana viável: os prédios da Ana Rosa só têm habitação, e o desenho arquitetônico resolve a mediação entre o privado e o público. Depois, quando publicamos o livro do Candia pela editora da Escola da Cidade, isso ficou ainda mais claro. Ele é um dos arquitetos cujas qualidades não são visíveis na primeira camada. Eu tenho uma certa desconfiança com as obras exuberantes na sua primeira visada. Um projeto muito fotogênico me causa um certo pé atrás. Por isso, gosto desse aspecto da obra do Candia: notar as qualidades arquitetônicas menos visíveis.

FPB De que modo essas lições da relação entre o edifício e seu entorno urbano fundamentaram seus projetos habitacionais?

EF Olho hoje para o Jardim Edite e meu principal foco é a rua. A rua Charles Coulomb é a mais importante do conjunto, porque é onde se abrem todos os endereços – dos edifícios habitacionais e dos equipamentos públicos. Os cortes transversais têm sempre a rua como parâmetro. Mesmo a cota da cobertura dos equipamentos opera pelo modo como dali se observa a rua e como a partir da rua se vê quem está lá em cima. Como dos apartamentos se enxerga a rua e vice-versa. Nos nossos projetos de habitação social, a rua é o ponto de partida a partir do qual fizemos o desenho dos edifícios.

PH É verdade. Há a relação da creche do Jardim Edite com o entorno: a creche é posicionada no final dessa rua e em frente a uma praça, que já existia, mas não era usada por ninguém, pois era um espaço de desconfiança entre a favela e a classe média das torres na vizinhança. Adotamos uma estratégia proveniente da experiência com a FDE. A entrada da creche fica em frente à praça, que, por isso, acabou se tornando uma espécie de extensão da área de espera dos pais durante a entrada e saída das crianças.

EF Uma contribuição do Jardim Edite foi provocar discussões dentro da prefeitura sobre uso misto, da diversidade tipológica dos prédios e identidade dos endereços de entrada dos edifícios. São questões urbanísticas bastante normais em outros países – na época, analisamos muito os conjuntos do Mecanoo em Roterdã –, mas que aqui pareciam novidades para as pessoas que trabalhavam com habitação de interesse social. O projeto do Jardim Edite teve que lutar contra uma série de imposições legais feitas para viabilizar uma urbanidade totalmente diferente da que propúnhamos. Por exemplo, havia uma pressão para que tivesse vagas de carro dentro do lote fechado. Nós fizemos essas vagas na rua, mais especificamente, na divisa do perímetro legal do terreno: portanto, aquelas vagas não são públicas, nem privadas. Este é o tipo de debate ali levantado.
Em projetos de moradia de interesse social, o modelo que ainda predomina é o da repetição de blocos pré-projetados para supostamente simplificar a fase de projeto. É um modelo inadequado para se fazer cidade.

FPB No Conjunto Ponte dos Remédios tem previsão de comércio no térreo?

EF Sim, tem lojinhas nos prédios que ficaram prontos. Porém, a gente desenvolveu um plano urbanístico de toda a área da Ponte dos Remédios, com 1.200 a 1.300 apartamentos, vários equipamentos, como escola e creche, e áreas de pequeno comércio. O plano parte da premissa que o térreo ativa a cidade – uma noção proveniente do Jardim Edite.

PH Eu vejo o desenho da Ponte dos Remédios como uma organização de ruas pensadas como espaços de sociabilidade. Não é um viário pensado do ponto de vista do tráfego de carros e estacionamentos. Suas ruas, por vezes, alargam-se em pequenas praças. Sempre algo se volta para a via, como a portaria de um edifício ou a porta da escola. O desenho de chão é o aspecto que melhor representa nossas intenções ao projetar o Conjunto Ponte dos Remédios. Os edifícios habitacionais vêm depois, como decorrência do desenho da rua. Acabam ocupando lotes estreitos quase sem área condominial interna; afinal, a área de sociabilidade não é uma área condominial interna, mas sim as calçadas. As calçadas é que mereceram mais espaço.

EF Quando respeitamos a linha de casas vizinhas ao terreno, projetamos duas lâminas habitacionais, ali demarcando um quarteirão, o que demonstra a ideia de fundir nosso plano urbanístico com o tecido urbano paulistano, de modo que, daqui a trinta anos, não se possa diferenciar uma área da outra. É uma preocupação nossa em fazer uma arquitetura quase anônima. Os prédios servem mais para amparar uma vida de rua do que para serem esteticamente admirados. Os edifícios estão em balanço, de modo a constituir um passeio coberto em frente às lojas e suas vitrines. E os apartamentos estão muito próximos da rua, como "olhos da rua" – expressão criada por Jane Jacobs –, para que a via seja cotidianamente vigiada por quem mora ali. A rua é sempre o ponto de partida.

FPB O projeto do Museu da Diversidade Sexual, na avenida Paulista, também teve as árvores existentes no terreno como parâmetro fundamental, certo?

PH Aquele jardim é tombado. Como um jardim é vivo, logo, é um tombamento dinâmico. Quando fizemos o concurso, a gente somente pôde supor que algumas árvores seriam removidas e outras mantidas. Quando foi iniciado o projeto, a primeira tarefa foi o cadastramento arbóreo, não só com o posicionamento das árvores, mas também apontando quais estão em boas condições de saúde, quais são espécies com maior grau de proteção, quais são invasoras que merecem ser removidas e, por fim, um levantamento topográfico das massas arbóreas. Isso mudou bastante o cenário de como deveria ser preservado o jardim. O intuito de preservar as árvores foi esculpindo o edifício anexo ao museu que estávamos projetando. A forma foi adquirindo várias inflexões. É uma geometria irregular que não teria razão objetiva de ser feita por nós por puro exercício de composição formal.

EF Procuramos entender as preexistências para além do edifício tombado. Ver o patrimônio de modo mais amplo, no caso desse museu, incluindo as árvores e o vazio próprio às implantações dos casarões da Paulista – os vazios adjacentes às residências. No caso, o próprio Parque Municipal Mário Covas era parte do jardim do palacete: este vazio ali é parte da preexistência. Buscamos também inverter um pouco a lógica das casas, que valorizam muito as fachadas e pouco seus fundos. O projeto visa chamar o público para o trecho posterior do lote, abrindo uma praça a partir da avenida Paulista. Como é o Museu da Diversidade Sexual, tínhamos uma imagem do momento da Parada do Orgulho LGBT+ na qual o público toma o chão da Paulista, e essa ocupação de pessoas penetraria o vazio do terreno, o jardim, o espaço ao ar livre entre as árvores. Depois as pessoas poderiam ver a parada do alto do restaurante, que é uma espécie de terraço. É o desejo de trazer o grande público para o interior do lote.

FPB Outro projeto em que se pode constatar diferenças entre a proposta apresentada no concurso e o projeto final é o Museu do Ipiranga.

EF Isso depende do modo como se entende o projeto. O Museu Paulista talvez seja um caso exemplar de que o projeto permaneceu exatamente o mesmo. A diferença é que, no começo, a gente detinha menos informações e, durante o processo de desenvolvimento do desenho e principalmente na obra, passamos a ter acesso aos dados reais e mais interlocução com as pessoas envolvidas. No entanto, se há clareza nas intenções, se o arquiteto sabe o que quer realizar, o projeto fica mais consistente. É o que o pessoal chama de partido, isto é, os pressupostos fundamentais. Um exemplo: no concurso, o túnel de ligação do novo acolhimento ao saguão do edifício-monumento era uma linha reta – ou seja, a menor distância entre dois pontos –, mas nós ainda não tínhamos o cadastramento das fundações. Conforme foram se apresentando novos dados, o desenho desse túnel foi se adaptando à melhor condição de escavação, à melhor técnica, ao modo mais respeitoso de intervir com as preexistências. Não seria impossível fazer um túnel em linha reta, mas seria uma incongruência construtiva. Estaríamos forçando a barra. Esse tipo de arquiteto que quer manter seu desenho a todo custo é o oposto da maneira que trabalhamos. A gente entende que o enfrentamento da realidade é algo em movimento. O embate com a realidade – as pessoas, as instituições, a conjuntura política e social, as questões construtivas – vai se revelando gradativamente conforme o tempo do projeto e da construção. Se você tem claras suas intenções arquitetônicas, o encontro entre essas ideias e os dados da realidade fará o projeto melhorar.

PH Do ponto de vista das decisões fundamentais, o projeto manteve-se íntegro, porque a estratégia é aberta para essas variações que ele acabou de mencionar. Quando recebemos o cadastramento das fundações, mudou muito construtivamente – por exemplo, no concurso, previa-se que toda a ampliação no subsolo seria feita com estrutura metálica – e um pouco o desenho, mas a essência do ritual de acesso ao edifício-monumento permaneceu a mesma. O acolhimento ao museu precisava ser ampliado e não havia área suficiente no edifício original. Por isso, a primeira questão fundamental era: como o público chegaria no museu? A gente enxergava o muro de arrimo como uma fachada, e vimos o potencial de torná-lo uma fachada ativa. Esse muro não é tão discreto assim e nem poderia, senão as pessoas iriam automaticamente para a porta antiga do museu e veriam uma plaquinha indicando para descer as escadarias. O muro tinha uma certa presença e, portanto, não precisávamos criar um novo grande elemento na escala do monumento. O necessário era criar as aberturas no antigo muro e dar destaque a elas na paisagem. Não havia uma intenção de querer ser discreto, mas consideramos que já havia uma relação entre o edifício-monumento e o jardim muito bem colocada.
A segunda questão fundamental era a chegada ao edifício-monumento. O edifício do Tommaso Gaudenzio Bezzi é muito coreografado: o roteiro interno é muito claro e invariavelmente começa no saguão das colunas – aliás, uma quantidade de colunas arquitetônicas muito maior do que o necessário estruturalmente –, seguido pela escadaria monumental, que depois prossegue no seu percurso. Decidimos manter a experiência original do museu centenário com o mínimo de intervenção. Porém era complicado resolver essa conexão entre o novo acolhimento na cota inferior e o saguão com esse monte de coluna que deixava pouco espaço para abrir uma subida. Em termos de metragem quadrada, seria mais fácil conectar em outro ponto do edifício, mas isso desmontaria todo o roteiro da arquitetura original – a visita começaria fora de ordem, o que seria uma agressão à experiência concebida pelo Bezzi.

FPB Um aspecto, simultaneamente, aproxima e difere os seus projetos para o Museu do Ipiranga e o Museu Nacional: vocês fazem do embasamento – promontório – o ponto de partida para a intervenção arquitetônica; porém, no caso paulistano, cria-se um novo percurso interno com acolhimento e bilheteria; por sua vez, no Rio de Janeiro, gera-se uma nova circulação no Quinta da Boa Vista, isto é, modifica-se mais a dinâmica ao redor do museu.

PH Nós enxergávamos a obra no Museu do Ipiranga tal como uma ampliação. Já no Museu Nacional é um anexo: o Paço de São Cristóvão manterá sua entrada pela porta central na fachada, e o novo edifício lateral se conectará, com uma rampa ao ar livre que costura e desenha o fluxo dos visitantes de modo a integrar mais a Quinta. Há também a relação entre o palácio e seus jardins: ao redor do museu temos o Jardim das Princesas ao sul, o Jardim Terraço na frente, e o lado norte era uma área de serviço no Império e depois, quando se torna instituição museológica, vira área de manutenção, carga e descarga. Ou seja, aquele trecho nunca foi um jardim, e nós propusemos que se tornasse também para reforçar a simetria da composição original. É um elemento novo, um jardim contemporâneo, mas reforça o que já estava lá.

EF Um ponto importante é aflorar a temporalidade dessa construção. A arquitetura pode ser uma espécie de testemunha da passagem do tempo e das gerações. É um partido de restauro que se atenta a todas as camadas incorporadas ao longo da existência do edifício. No caso do Museu Nacional, o fogo acabou por desvelar camadas de tempo que não seriam acessadas se não fosse a tragédia. O incêndio permitiu uma arqueologia mais profunda que revela vários períodos históricos daquele prédio, resultante de uma sucessão muito grande de ações construtivas. No projeto de recomposição e reconstrução dos espaços internos do museu, a presença das camadas temporais é um pressuposto que estamos perseguindo.

FPB Mas a camada do trauma deve ser mantida ou omitida?

PH Tem quem gostaria de desaparecer com os vestígios do incêndio. Nós consideramos necessário manter alguma presença, mas não precisa ser presente a cada parede. Afinal, é necessário que o museu tenha autonomia. Em um ambiente sobre dinossauros, não são necessários registros que ali pegou fogo. É preciso um certo equilíbrio.

EF Essa discussão é política. Tudo em arquitetura envolve muita política. A vontade de destacar certos períodos de tempo é sempre muito conflituosa. No Museu Nacional, há a camada de tempo que revelaria uma certa vivência da família real, e tem quem almeje a revalorização desse aspecto que o período republicano procurou rebaixar na história do museu. O incêndio é mais uma dessas camadas históricas. Estamos trabalhando para não fetichizar a tragédia, para não a converter em espetáculo. Não queremos converter qualquer período temporal em fetiche. O papel do arquiteto é mediar as demandas e permitir que a arquitetura apresente todas as camadas.

PH Muitos fragmentos permaneceram nas salas históricas. Inclusive alguns elementos foram revelados pelo próprio incêndio. Por exemplo, uma técnica chamada *stucco marmo* – uma massa com uma texturização que imita mármore – tinha desaparecido há muito tempo sob as camadas de tinta que a encobria; agora poderão ser recuperados alguns trechos com esse recurso material. Perduraram também fragmentos de frisos e ornamentações de colunas para recompor determinadas salas: tais elementos serão recompostos a partir de moldes existentes, diferenciando o que é remanescente, restaurado ou reconstruído. Nessa arqueologia, revelaram-se também diferentes técnicas de construção em pedra ou tijolo nas diferentes partes do edifício. É um trabalho de resgate de elementos até então ocultos na edificação, e o projeto segue aberto para incorporar isso.

EF Isso não seria possível em um edifício mais conservado. De algum modo, o incêndio contribuiu para alargar a amplitude e profundidade das camadas do tempo: eu resumiria o projeto do Museu Nacional como um mergulho, e nós queremos aproveitar o mergulho. Mas também é um embate, porque há uma tendência natural a querer resolver rápido, seja para não revelar nada, seja para só deixar as paredes descascadas, numa espécie de simplificação angustiada de quem quer dar um destino rápido para algo traumático. Nosso trabalho é de resistir ao impulso de apressar o término da discussão.

FICHAS TÉCNICAS

Escolas União de Vila Nova III e IV (pg. 28)
Local São Paulo, SP
Escritórios H+F e Barossi & Nakamura
Ano de projeto 2003-2005
Ano de construção 2005-2006
Área do terreno 4.260 m²
Área construída 6.840 m²
Autores Antonio Carlos Barossi, Eduardo Ferroni, Milton Nakamura e Pablo Hereñú
Colaboradores Anna Helena Villela, Bruno Gonçalves, Eliana Uematsu, Fernanda Palmieri, Fabiana Cyon, Leila Hussein, Olívia Salgueiro, e Silio Borges
Contratante FDE, Governo do Estado de São Paulo
Estrutura de concreto e fundações SB Projetos
Estruturas metálicas Oficina de Arquitetura e Estrutura
Elétrica e hidráulica MBM Engenharia
Engenharia Construção Massafera

Escola Nova Cumbica (pg. 34)
Local Guarulhos, SP
Escritório H+F
Ano de projeto 2009-2011
Ano de construção 2013-2014
Área do terreno 2.400 m²
Área construída 4.105 m²
Autores Eduardo Ferroni e Pablo Hereñú
Colaboradores Bruno Nicoliello, Carolina Domschke, Carolina S. Yamate, Felipe Chodin, Henrique Arruda, Joel Bages, Natalie Tchilian, Marta Pavão Renan Kadomoto e Shine de M. Braga
Contratante FDE, Governo do Estado de São Paulo
Estruturas CTC Projetos
Instalações KML Engenharia
Construção Lopes Kalil Engenharia

Escola Joanópolis (pg. 42)
Local Joanópolis, SP
Escritório H+F
Ano de projeto 2009-2011
Ano de construção 2014-2017
Área do terreno 3.980 m²
Área construída 1.900 m²
Autores Eduardo Ferroni e Pablo Hereñú
Colaboradores Amanda F. Domingues , Bruno Nicoliello, Camila Reis, Camila Paim, Carolina Domschke, Carolina S. Yamate, Felipe Chodin, Levy Vitorino, Marta Pavão e Renan Kadomoto
Contratante FDE, Governo do Estado de São Paulo
Estruturas Steng
Instalações Sandretec
Construção TD Construtora Ltda.

Conjunto Jardim Edite (pg. 50)
Local São Paulo, SP
Escritórios H+F e MMBB
Ano de projeto 2008-2011
Ano de construção 2011-2013
Área do terreno 9.330 m²
Área construída 25.714 m²
Autores Fernando de Mello Franco, Eduardo Ferroni, Marta Moreira, Milton Braga e Pablo Hereñú
Colaboradores Bruno Nicoliello, Diogo Pereira, Gabriel Rocchetti, Joel Bages, Luca Mirandola, Mariana Puglisi, Natália Tanaka, Renan Kadomoto, Tammy Almeida, Thiago Benucci e Thiago Moretti
Colaboradores H+F Adriano Bergemann, André R. Costa, Cecília Góes, Eduardo Martini, Eduardo Pompeo, Giovanni Meirelles, Gisele Mendonça, Gleuson Pinheiro Silva, Guilherme Pianca, Lucas Vieira, Maria João Figueiredo, Marina Sabino, Naná Rocha, Rafael Monteiro e Tiago Girao
Colaboradores MMBB Luis Fernando Arias Fachini
Coordenador Sehab
Contratante Sehab – PMSP
Estruturas Kurkdjian e Fruchtengarten
Consultoria metálica Projetal e Cia. de Projetos
Instalações PHE
Fundações MAG / Portella Alarcon
Paisagismo Suzel Márcia Maciel / Bonsai Paisagismo
Impermeabilização Proiso
Drenagem, geométrico e pavimentação System Engenharia
Sondagens Geosolo
Orçamento Nova Engenharia
Gerenciamento Consórcio Bureau Sistema PRI
Construção Kallas Engenharia

Conjunto Urbano Ponte dos Remédios (pg. 62)
Local São Paulo, SP
Escritórios H+F e Marcos Acayaba
Ano de projeto 2011-2019
Ano de construção 2012-2023
Área do terreno 43.000 m²
Área construída 30.136 m²
Contratante Sehab - PMSP
Autores Eduardo Ferroni, Marcos Acayaba e Pablo Hereñú
Colaboradores Amanda Domingues, Bianca Fontana, Camila Bellatini, Camila Paim, Camila Reis, Carolina Milani, Danilo Hideki, Diogo Cavallari, Diogo Pereira, Eliana Uematsu, Francisco Costa, Gabriel Rroccheti, Guta Armigliato, Ivan Mazel, Joel Sanabra, Karolina Carloni, Leonardo Navarro, Levy Vitorino, Luca Mirandola, Luisa Fecchio, Mariana Puglisi, Marta Pavão, Natália Tanaka, Nathalia Grippa, Paula Saito, Stela da Dalt, Tammy Almeida, Thiago Benucci e Thiago Moretti
Coordenadora Q4 Cláudia Baratto
Estruturas Steng / SRTC
Instalações E2
Fundações Geobrax
Manejo arbóreo Via Vidrih
Impermeabilização Proassp
Consultoria em esquadrias Arqmate / Cutrale
Drenagem, geométrico e pavimentação Estúdio Piza
Redes públicas e abastecimento Coger
Aprovação legal Fernando Martines
Segurança contra incêndio Feuertec
Gerenciamento Bureau / PRI Bauer Planal
Construção Schahin / Simétrica

Habitação Estudantil Unifesp (pg. 70)
Local Osasco, SP
Escritório H+F
Ano de projeto 2014-2018
Área do terreno 10.051 m²
Área construída 10.027 m²
Contratante Unifesp
Autores Eduardo Ferroni e Pablo Hereñú
Colaboradores Amanda Rodrigues, Bianca Fontana, Camila Reis, Camila Paim, Giovanna Albuquerque, Leonardo Navarro, Levy Vitorino, Lucas Cunha e Nathália Grippa
Estruturas Steng
Instalações Fit Eng
Impermeabilização Proassp
Conforto ambiental K2
Consultoria em esquadrias Dinaflex
Paisagismo Bonsai
Orçamento Exato
Aprovação Legal Fernando Martines
Segurança contra incêndio Feuertec
Topografia Promap
Sondagens Ação Eng

Museu do Ipiranga (pg. 76)
Local São Paulo, SP
Escritório H+F
Ano de projeto 2017-2019
Ano de construção 2020-2022
Área do terreno 100.000 m²
Área construída 16.339 m²
Contratante FUSP
Autores Eduardo Ferroni e Pablo Hereñú
Colaboradores Caetano Moreno, Camila Omiya, Camila Paim, Felipe Maia, Josephine Poirot Delpech, Leonardo Bonfim, Lúcia Furlan, Luna Brandão, Levy Vitorino, Maria Beatriz Souza, Marina Uematsu, Mateus Loschi, Sofia Toi, Stephanie Galdino; André Nunes, Julia Moreira e Pedro Ivo Freire
Restauro OAR - Olympio Augusto Ribeiro Griselda Klüppel, Anna Beatriz Ayroza Galvão, Michele Amorim, Naiara Amorim Carvalho e Vivian Oliveira
Acompanhamento de obra de restauro e jardim francês Paulicéia - Mita Ito
Estruturas Companhia de projetos
Fundações e geotecnia MAG / Nouh
Instalações Ramoska & Castellani Projetistas Associados Ltda.
Automação e segurança Bettoni Automação, Segurança e Consultoria
Climatização Thermoplan
Paisagismo RPAA
Luminotecnia Lux
Expografia Metrópole
Consultoria conservação Claudia Carvalho
Prevenção e combate a incêndios Feuertec
Conforto térmico e lumínico Greenwatt
Conforto acústico Harmonia Acústica
Consultoria caixilhos Dinaflex / Pedro Martins
Consultoria acessibilidade Elisa Prado
Impermeabilização Proassp
Fontes FAC Fontes
Pesquisa histórica Memórias Assessoria e Projetos
Manejo arbóreo CBFT
Circulação vertical Empro
Terraplenagem Estúdio Piza
Aprovação legal Maia e Martines
Arquitetura e design Comunicação Visual CLDT
Gerenciamento Setec
Construção Concrejato

Reconstrução do Museu Nacional (pg. 92)
Local Rio de Janeiro, RJ
Ano de projeto 2020-2024
Ano de construção 2023-2027
Área do terreno 21.250 m²
Área construída 16.283 m²
Contratante Unesco
Autores Eduardo Ferroni, Fabiana Araújo, Pablo Hereñú, Pedro Ivo Freire e Sandra Branco Soares
Colaboradores Marina Correia
Coautora concurso Julia Moreira
Coordenação BIM Marcia Dantas Braga
Restauro bens integrados Caetano Moreno, Camila Omiya, Isabel de Carvalho P. e Silva, Isabela Sverner, Lúcia Furlan, Levy Vitorino, Mariana Cruz, Marina Smit, Matheus P. Benedito, Tomás Quadros, Victor Oliveira e Vitor Lima
Estruturas e fundações Engeti
Instalações Spalla / Caiuby
Automação e segurança Jugend
Climatização Integrar
Paisagismo Embyá
Luminotecnia LD Studio
Expografia Expomus
Prevenção e combate a incêndios RPM
Conforto acústico Harmonia Acústica
Consultoria caixilhos QMD
Consultoria legal Leda Kobayashi
Impermeabilização Cetimper
Circulação vertical Artur Salvaterra
Certificação SEED
Arqueologia MN / UFRJ
Gerenciamento BIM GDP
Gerenciamento Unesco / SCV

Colaboradores 2002 - 2023

Alice dos Anjos Picariello, Amanda F. Domingues, Anna Helena Villela, André Nunes, Bruno Gonçalves, Bruno Nicoliello, Bruno Schiavo, Bianca Fontana, Caetano Moreno, Camila Bellatini, Camila Medeiros, Camila Omiya, Camila Paim, Camila Raghi, Camila Reis, Carolina, Domschke , Carolina Milani, Carolina Yamate, Chayenne Cardoso, Daniel Jabra, Danilo Hideki, Diogo Cavallari, Diogo Pereira, Eliana Uematsu, Edson Riva, Fabiana Cyon, Fabricius Mastroantonio, Felipe Chodin, Felipe Maia, Fernanda Palmieri, Flávio Castro, Francisco Costa, Gabriel Rocchetti, Georgia Lobo, Giovanna Albuquerque, Glauco Pregnolatto Mendes, Henrique Arruda, Ileana Carolina, Ivan Mazel, Isabel de Carvalho P. e Silva, Isabela Sverner, João Pedro Sommacal, Joel Bages Sanabra, Josephine Poirot Delpech, Joyce Azevedo Rodrigues, Joyce Reis, Julia Moreira, Júlia Ribeiro, Karina Kohutek, Karolina Carloni, Leonardo Bonfim, Leonardo Navarro, Leila Hussein, Levy Vitorino, Ligia Ferreira de Araújo, Luca Mirandola, Lucas Cunha, Lúcia Furlan, Luis, Felipe Fleischer, Luis Rossi, Luisa Fecchio, Luna Brandão, Maria Augusta Armigliato, Maria Beatriz Souza, Maria Chamorro Tojeiro, Mariana Chiarello, Mariana Cruz, Mariana Puglisi, Marina Smit, Marina Uematsu, Marinho Velloso, Marta Pavão, Mateus Loschi, Michele Amorim, Mirian Francisco, Naiara Amorim Carvalho, Natália Tanaka, Natalie Tchilian, Nathalia Grippa, Nicolas Le Roux, Nike Grote, Olívia Salgueiro, Paula Lemos, Paula Saito, Patrick de Simone, Pedro Ivo Freire, Raphael Nogueira, Renan Kadomoto, Shine de M. Braga, Silio Borges, Sofia Toi, Sara Miranda, Stela da Dalt, Stephanie Galdino, Tammy Almeida, Thiago Benucci, Thiago Moretti, Victor Oliveira e Vitor Lima

Organização
Francesco Perrotta-Bosch

Texto crítico
João Masao Kamita

Depoimento
Regina Meyer

Entrevista
Francesco Perrotta-Bosch

Projeto gráfico e diagramação
Núcleo de Design Escola da Cidade

Fotos
Capa: Nelson Kon (Museu do Ipiranga, São Paulo, 2023)
Nelson Kon: p. 2, p. 4, pp. 8-9, p. 13 (3), p. 13 (5) p. 32 (1), p. 33, p. 51, pp. 52-3, p. 57, p. 59 (3), p. 59 (4), pp. 60-1, p. 77, p. 80, pp. 84-5, p. 87, p. 88, p. 90
H+F: p. 13 (1), p. 13 (6), p. 15 (7), p. 15 (10), p. 30, p. 59 (1), p. 59 (2), p. 59 (5), p. 59 (6), p. 94
Pregnolato & Kusuki: p. 13 (2), p. 19 (14), p. 63, p. 65, p. 67, pp. 68-9
Pedro Napolitano Prata: p. 15 (8), p. 35, pp. 38-9, pp. 40-1, p. 43, pp. 46-7, pp. 48-9
Erieta Atalli: pg. 29
Carlos Kipnis: p. 32 (2)
Mawilson Acoroni: pp. 78-9

Modelo eletrônico
H+F: p. 15 (9), p. 15 (11), p. 19 (12), p. 19 (13), p. 19 (15), p. 19 (16), p.19 (17), pp. 74-5, pp. 98-9

Desenhos
H+F

Revisão
Elba Elisa Oliveira

Dados Internacionais de Catalogação
na Publicação – CIP

Coleção arquitetos da cidade: H+F.../
Organizado por Francesco Perrotta-Bosch. –
São Paulo: Editora Escola da Cidade,
Edições Sesc SP, 2023.
112 p.: il. (Arquitetos da Cidade; v. 6).

ISBN Editora Escola da Cidade 978-65-86368-34-5
ISBN Edições Sesc SP 978-85-9493-281-5

1. Arquitetura Contemporânea. 2. H+F.
3. Arquitetura Brasileira. I Título.

CDD 720

Catalogação elaborada por Denise Souza
CRB 8/9742

Serviço Social do Comércio
Administração Regional
no Estado de São Paulo

Presidente do Conselho Regional
Abram Szajman

Diretor Regional
Danilo Santos de Miranda

Conselho Editorial
Áurea Leszczynski Vieira Gonçalves
Rosana Paulo da Cunha
Marta Raquel Colabone
Jackson Andrade de Matos

Edições Sesc São Paulo
Gerente Iã Paulo Ribeiro
Gerente Adjunto Francis Manzoni
Editorial Cristianne Lameirinha
Assistente: Antonio Carlos Vilela
Produção Gráfica Fabio Pinotti
Assistente: Ricardo Kawazu

Edições Sesc São Paulo
Rua Serra da Bocaina, 570 – 11º andar
03174-000 – São Paulo SP Brasil
Tel.: 55 11 2607-9400
edicoes@sescsp.org.br
sescsp.org.br/edicoes
/edicoessescsp

escola da cidade

Associação Escola da Cidade
Alvaro Puntoni (Presidente)
Fernando Viégas (Presidente)
Marta Moreira (Presidente)
Cristiane Muniz (Diretora Conselho Escola)
Maira Rios (Diretora Conselho Escola)
Anália Amorim (Diretora Conselho Científico)
Marianna Boghosian Al Assal (Diretora Conselho Científico)
Guilherme Paoliello (Diretor Conselho Técnico)
Anderson Freitas (Diretor Conselho Ecossocioambiental)
Ciro Pirondi (Diretor Conselho Escola de Humanidades)
Denise Jardim (Diretora Conselho Escola de Humanidades)

Coordenação de Imagem e Comunicação
Alexandre Benoit

Editora Escola da Cidade
Luísa Telles
Thais Albuquerque
Bianca Marchiori

Núcleo de Design
Celso Longo
Daniel Trench
Gabriel Dutra
Lara Tchernobilsky
Valentina Yusta

Colaboraram na produção
gráfica e editorial deste livro:
Débora Filippini
Guilherme Pace
Laura Pappalardo

Associação Escola da Cidade
Faculdade de Arquitetura e Urbanismo
Rua General Jardim, 65 – Vila Buarque
01223-011 – São Paulo SP Brasil
Tel.: 55 11 3258-8108
editoradacidade@escoladacidade.edu.br
escoladacidade.edu.br/pesquisa/editora

Composto com Neue Haas Grotesk e Interlink
Impressão do miolo em papel Alta Alvura 120g/m²
Impressão da capa em cartão Supremo 250g/m²
Impresso pela gráfica Ipsis
1000 exemplares